いたみにくく安心な
作りおきおかずと、
お弁当を活用しましょう。

健康の基本は、食生活。

とはいえ、忙しい毎日の中では、なかなか料理をする時間を確保するのは難しいもの。

そんなときに役立つのが、作りおきおかず。時間のあるときに多めに作って保存しておけば、ふだんの食事作りはぐっとラクになります。また、最近は節約と栄養面を考え、昼食は“お弁当派”の方が増えているようです。

しかし、気温の高い夏場はもちろん、最近は冬場も室内は暖かいため、食中毒の危険は一年中あるといっても過言ではありません。とりわけ、数日間保存する作りおきおかずや、長時間室温におくことが多いお弁当の管理には、細心の注意を払う必要があります。

作りおきおかずや、お弁当を安心して食べるには、まずはキッチンまわりを清潔に整えることが大切。本書では、キッチンの衛生対策をユーモアのある会話形式で楽しくお伝えします。

そして、調理にも気配りを。味つけや食材などにひと工夫加えた、いたみにくい作りおきとお弁当おかずを紹介します。

この本と一緒に、一年中「安心・おいしい・かんたん」に調理をしましょう。

【取材協力】　上田成子《しげこ》先生
女子栄養大学教授。獣医学博士。衛生学、環境保健学、食品衛生微生物学を研究。著書に『食中毒－予防と対処のすべて－』（共著：法研）、『食品衛生学』（共著：朝倉書店）、『食品の安全性』（共著：朝倉書店）などがある。

正しい？ 正しくない？

――いたみにくい作りおきおかずとお弁当作りのために

Check 1

食べものに食中毒菌がいるかどうかは、においで大体わかる？

いいえ。腐敗菌はにおいがしますが、食中毒菌はにおいがしないため、判断するのは困難です。

p.7へGo!

Check 2

まな板は洗剤で洗えば、衛生的に大丈夫なの？

いいえ。特に傷から菌が入りこみ、増殖しやすくなります。洗剤でよく洗い、使い終わりには、消毒しましょう。

p.13へGo!

Check 3

食中毒が原因と思われる下痢が止まらない。下痢止めを飲んでいい？

いいえ、菌を体内に閉じこめてしまうので逆効果。水分とナトリウムなどの電解質を補給し、必ず病院で受診しましょう。

p.8へGo!

Check 4

食器を洗うときに洗剤をつけるから、スポンジは除菌しなくてもいい？

いいえ。スポンジに残った食べもののかすを栄養分にして、菌が増殖してしまいます。しっかりもみ洗いし、最後に消毒を。

p.13へGo!

Check 5

食中毒に注意するのは、夏場だけでいい？

いいえ、15～20℃程度の気温でも菌は増殖しますし、冬場も室温は高めです。食中毒には一年中注意しましょう。

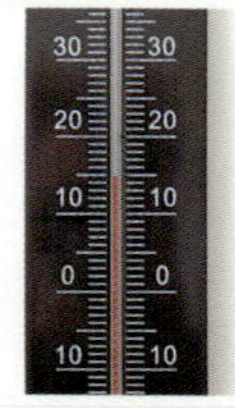

p.7へGo!

Check 6

調理中の手洗いは、水洗いだけでOK？

いいえ、水洗いだけでは菌を落としきれません。調理前やトイレに行ったあとだけでなく、生肉や生魚をさわったあとにも、必ず石けんで手洗いを。

p.20へGo!

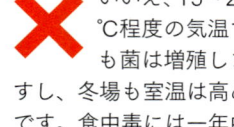

Check 7

食材をいたみにくくしてくれる食材があるって本当？

○ はい。梅干し、酢、わさび、からしなどに効果が見られます。ただし、絶対的なものではありません。しっかり火を通すなど、基本的なことを守ったうえでの話です。

p.18へGo!

Check 8

自宅で作って冷凍しておいたおかず。凍ったままお弁当に入れてもいい？

× いいえ。市販品で「自然解凍可」のものならOKですが、自作のおかずは避けます。どうしても入れたいときは、凍ったまま入れるのは避け、加熱してからにしましょう。

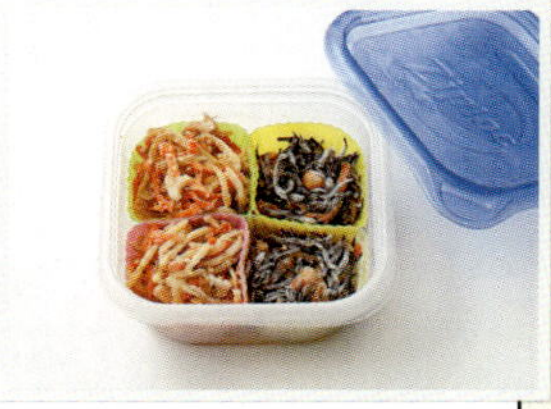

p.45へGo!

Check 9

冷凍しておいた食材やおかず、常温で自然解凍してもいい？

× いいえ。菌が繁殖しやすいうえ、味も落ちやすくなります。冷蔵庫に入れるか、氷水につけて解凍しましょう。凍ったまま加熱する、加熱解凍もおすすめです。

p.17へGo!

Check 10

子どもが夏休みもお弁当持参で部活に行きます。そのまま持たせていい？

× いいえ。朝作ったお弁当は、ランチタイムのころに菌の繁殖がピークを迎えます。保冷剤をつけるなどの工夫を。

p.46へGo!

Check 11

食べきれなかったカレーやシチュー、毎日温め直したほうがいいの？

○ はい。加熱することにより、大半の菌については増殖をおさえる効果があります。

p.17へGo!

Check 12

キャラ弁って衛生的に大丈夫？

△ 食材をたくさんさわるので、菌が繁殖しがち。作るときは、使い捨ての手袋と清潔な道具を使い、手早く作りましょう。

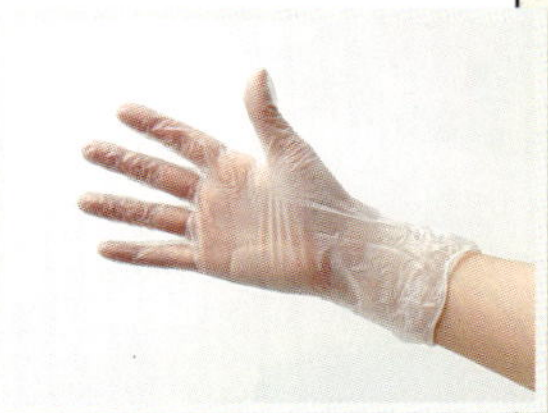

p.46へGo!

目次

この本の登場人物

ズボラちゃん

ひとり暮らしの女の子。お料理が大好きだけど、面倒くさがり屋で、キッチンの掃除がにが手。

白川さん

ズボラちゃんのご近所に住む、ベテラン主婦。きれい好きの掃除マニアで、ズボラちゃんにあきれながらも、衛生的な調理や掃除のコツを伝授してくれる。

この本の表記について

- 計量の単位：大さじ１＝15mℓ　小さじ１＝５mℓ　カップ１＝200mℓ
- mℓ＝cc
- 電子レンジ：加熱時間は500Wのめやす時間です。600Wなら加熱時間を0.8倍、700Wなら0.7倍にして、ようすを見ながら加熱してください。
- フライパン：フッ素樹脂加工のフライパンを使用しています。
- スープの素：ビーフ、チキンなどは好みで。顆粒または粉状のものを使います。「固形スープの素」も、けずれば顆粒と同様に使えます。
- 保存について：ここで紹介するおかずは冷蔵保存を前提としています。保存期限は作った当日を含む日数です。たとえば、「３日」となっている場合は、作った翌々日までに食べきってください。ただし、季節や各家庭の冷蔵庫の庫内状況によって、保存期限は前後します。おおよそのめやすと考えてください。

〈例〉

冷蔵　３日 保存可能

作った当日　｜　2日目　｜　3日目

この日までに食べきる

※その他のマークについて

- 梅　梅干しでいたみにくい
- 酢　酢でいたみにくい
- からし　からしでいたみにくい
- わさび　わさびでいたみにくい
- 味 しっかりめ　しっかり味だからいたみにくい
- 水分 少なく　水分少なめだからいたみにくい

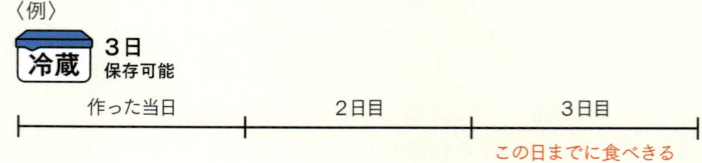

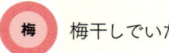

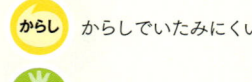

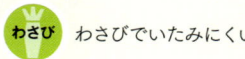

知ってておきたい

食中毒の基本と対処法

「こんにちは、ズボラちゃん。おかずを作りすぎたから、おすそわけしようと思って…あらっ、どうしたの？　顔色が真っ青よ！」

「うう…、さっきから嘔吐と下痢が止まらないの。白川さ〜ん、ずっとこのままだったらどうしよう…」

「ちょっと待ってて（バタバタ…）。さぁ、これを飲んで、しばらく横になりなさい。いつもは風邪ひとつひかないのに、一体どうしちゃったの？」

「もしかして食中毒なのかなぁ。でも、昨日は生ものは食べていないよ。今朝は昨日の残りのみそ汁とごはんだったし…。みそ汁も変なにおいはしなかったよ」

「腐敗菌と違って、食中毒菌はにおいがしないから、判断するのは難しいのよ。それに、食中毒の原因は生ものに限らないわ。たとえばノロウイルスの原因の６割が、複合調理食品（おそうざいや調理パンなど）なの。ところで、夕食から今朝までの間、みそ汁はどこに置いてあったの？」

◎食中毒は一年中注意が必要

「どこ…って、もちろんコンロの上に置きっぱなしだよ。まだそんなに暑くないし、ひと晩くらいは平気でしょ？」

「ダメーッ！　気温が15〜20℃くらいでも、菌は増殖しやすくなるから、涼しい時期も油断禁物。冬でも室内は暖かいし、食中毒は一年中注意が必要よ。それに、調理して２時間くらいたつと菌は増え始めて、４時間後にピークになるの。ひと晩そのままなんて、ありえないわっ！」

「15℃って、涼しいどころか寒いくらいなのに、それでも危ないんだね…。ふぅ、白

食中毒の感染経路

食中毒の多くは、細菌やウイルスが付着した食品を食べることによって起こります。土壌や海水、動物の体内などにもともと存在する食中毒菌が食品に付着するだけでなく（一次汚染）、汚染された食品からまな板や手指を通して、菌が別の食品に移るケースもあります（二次汚染）。

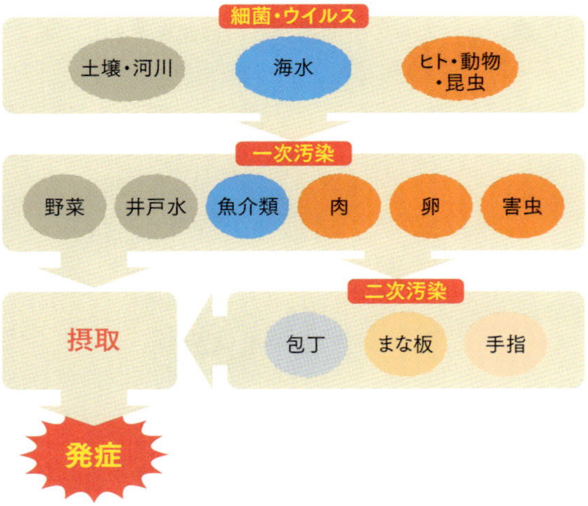

15℃を超えたら要注意

10℃以下の環境では、ほとんどの菌は増殖しません（ただし、眠っているというだけで、死滅するわけではない）。15〜20℃になると菌が増殖し、もっとも菌が活動しやすいのは37℃。夏場は人の抵抗力も落ちるので、感染しやすくなります。とりわけ、子ども、お年寄りは抵抗力が低いので、より注意が必要です。また、菌は調理後２時間から増え始めるので、早めに食べましょう（下図）。

調理後の菌の増殖イメージ

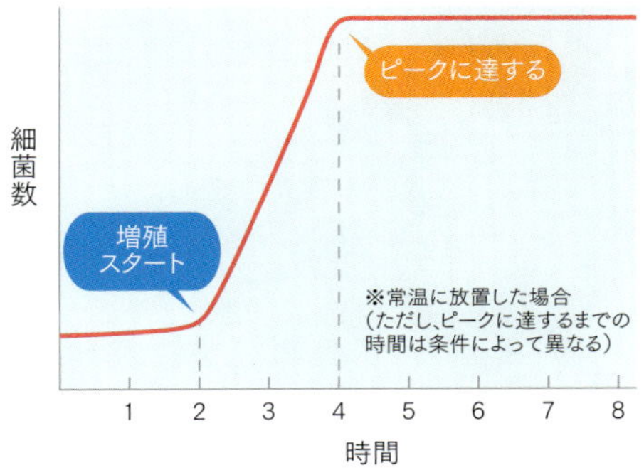

川さんのおかげでずいぶんラクになったよ。さっき飲ませてくれたのはなんだったの？」

「市販のスポーツドリンクよ。嘔吐や下痢をすると脱水症状を起こしやすいから、水分と電解質をマメにとってね」

◎食中毒かな？と思ったら

「食中毒がこんなにつらいとは～。下痢止めも飲んでおいたほうがいいのかな？」

「おっと、それはNGよ。菌を体内に閉じこめてしまうから、逆によくないの。まずは病院に行きましょう。飲むなら乳酸菌製剤がおすすめ。中に含まれる酸に殺菌効果があるの。常備薬として持っておくといいわ」

「うん。それにしても疑惑のみそ汁はまだ残っているのに、捨てるしかないのか…。ひとり暮らしだから、なかなか食べきれなくて。冷蔵庫に入れておけば大丈夫だったのかなぁ？」

「そうね。食べる前にも、しっかり温めましょう。多くの菌は加熱することで死滅するから、75℃で1分以上（ノロウイルスは85～90℃で90秒以上）、中心までちゃんと加熱すること。あと、見落としがちなのが手洗い。手のひらだけじゃなく、手全体を時間をかけて洗いましょう（p.20）。さて、そろそろおかゆくらいなら食べられるかしら？　キッチン、お借りするわね」

「わ～ん、白川さん、やさしいなぁ。お母さんみたいだよ」

「いえいえ、お安いご用よ…って、きゃー！　この黒ずんだまな板は一体なんなの？　それに、どこからともなく異臭がするような…」

「まな板はちゃんと洗剤で洗っているんだけど、いつの間にか黒くなっちゃうんだよね～。あと、においの元はふきんだと思う。昨日使ったあと、うっかり洗うの忘れちゃって☆」

「コラーッ！　キッチンを清潔に保つことは、食中毒予防の基本よ（p.10～15）。治ったらビシビシ掃除してもらうからね！」

→ p.10につづく

まずはしっかり加熱

食中毒を起こす菌の大半は、75℃で1分以上（ノロウイルスは85～90℃で90秒以上）の加熱で死滅します。まずは、しっかり加熱すること。中まで火が通りにくいものは、ふたをしましょう。そして調理したら、再び菌が繁殖しないうちに早めに食べます。ただし、ブドウ球菌が作る毒素のように、100℃で30分加熱しても活性を失わないものもあります（p.9）。つまり、加熱は食中毒予防に非常に有効ですが、決して万能ではないことも覚えておきましょう。

食中毒かな？と思ったら

下痢や嘔吐をくり返すと、脱水症状を起こし、ときには死に至ることも。水分と同時にナトリウムなどの電解質（できれば糖分も）を補います。梅干しや塩を少量入れたおもゆやぬるま湯、市販のスポーツドリンク（常温で飲む）などをとりましょう。下痢止めや抗生物質はNG。誤嚥を防ぐため、横向きになって休みます。ただし、自己判断は危険。必ず病院で受診しましょう。その際、食べたものや発症からの経過をメモしておくとよいでしょう。

主な食中毒の特徴

食中毒菌	主な原因食品	潜伏期間	主な症状	特徴
発生件数1位* カンピロバクター	肉類。	2～7日	嘔吐、腹痛、下痢（腐敗臭あり）、発熱。子どもは血便を伴う場合もある。	熱に弱く、75℃ 1分以上の加熱で死滅する。
発生件数2位* ノロウイルス	二枚貝（特にかきが多い）のほか、野菜サラダ、サンドイッチなどの複合調理食品。	24～48時間	吐き気、嘔吐、腹痛、下痢、38℃以下の発熱。通常3日以内で回復。	乾燥に強いため、冬場に多く見られる。85～90℃で90秒以上加熱すると死滅。アルコール消毒は効かない。
発生件数3位* サルモネラ属菌	肉や卵、およびそれらの加工品。	12～24時間	吐き気、嘔吐、腹痛、下痢、発熱。子どもや高齢者は血便や脱水症状を伴うことも。	熱に弱く、75℃ 1分以上の加熱で死滅する。
ブドウ球菌	おにぎりなどの米飯類（人の手指によって汚染されることが多い）。	1～5時間	吐き気と嘔吐は必ず起きる。下痢、腹痛はあるが、発熱はなし。脱水症状を伴う場合あり。	菌自体は熱に弱いが、ブドウ球菌が作る毒素は熱に非常に強く、加熱しても失活しない。
ウェルシュ菌	主に肉類。とり肉の煮ものやシチューなどに事例があり、一度に大量の調理をする際に発生することが多い。	6～18時間	腹痛と水様性下痢。発熱はない。	熱に非常に強く、加熱しても死滅しない。アルコール消毒も効かない。
腸管出血性 大腸菌 （O157など）	牛肉、ハンバーガー、ローストビーフ、生乳、サンドイッチ、サラダ、飲料水などに事例がある。	4～9日	血性下痢、水様性下痢、腹痛、嘔吐。38℃以上の発熱はまれ。子どもや基礎疾患を有する高齢者では、溶血性尿毒症症候群や脳症を併発して、死に至ることがある。	熱に弱く、75℃ 1分以上の加熱で死滅する。
そのほかの 病原大腸菌	人、動物の大便が汚染源。非加熱食品などに事例がある。	10～30時間	＜感染型＞腹痛、下痢、血便、発熱など。二次感染もある。赤痢に類似。 ＜生体内毒素型＞腹痛と水様性下痢。発熱はない。重症の場合は脱水症状も見られる。コレラに類似。	熱に弱く、75℃ 1分以上の加熱で死滅する。
腸炎ビブリオ	魚介類。	10～18時間	吐き気、嘔吐、腹痛（激痛を伴うことが多い）、下痢（水様便、血便もあり）、発熱。	熱に弱く、75℃ 1分以上の加熱で死滅する。
セレウス菌 （嘔吐型）	チャーハン、ピラフ、スパゲティなど米や小麦を用いた料理。	30分～6時間	吐き気、嘔吐。時々腹部のけいれんや下痢が起こる。	熱に非常に強く、加熱しても死滅しない。アルコール消毒も効かない。
ボツリヌス菌	東北地方以北に多発し“いずし”や“きりこみ”（生魚を発酵させた郷土料理）などに事例がある。その他、びん詰めの食品などでも。	12～36時間	脱力感や瞳孔拡散などの神経障害、呼吸失調。	熱に強く、120℃で4分以上加熱しないと死滅せず、アルコール消毒も効かない。ただし菌が作る毒素は熱に比較的弱く、80℃30分（または100℃数分）以上の加熱で失活する。

＊平成26年食中毒発生状況（厚生労働省）より

2 上手にしまおう
食材の冷蔵庫保存

「よいしょ、よいしょっと。はー、重たかった」

「あら、ズボラちゃん具合はどう？　それにしても、すごい荷物ね。どうしたの？」

「おかげさまですっかり元気になったよ。今日は安売りだったから、まとめて食材を買い出ししたの。意外とやりくり上手でしょ☆」

「でも、買いすぎはよくないわ。なかなか食べきれなくて、食材がいたんでしまうわよ。あと、買物するときは順番も大切よ。生鮮食品はなるべく最後のほうに買って、常温にさらされる時間をできるだけ減らしましょう」

「はーい！　じゃあ、さっそく冷蔵庫に入れなくちゃ。まずはお肉、お肉っと」

「そうそう…って、ちょっと待って。パックをそのまま冷蔵庫に入れるのはよくないわ。肉や魚のドリップ(赤い汁)には菌が多いから、もれないように、袋に入れて二重にしましょ」

「ふむふむ。野菜をしまうときに気をつけることはある？　たまねぎとかじゃがいもは冷蔵庫じゃなくて、冷暗所でいいんだっけ？」

「そうね、何でも野菜室に詰めこんでしまうと、冷気が回らなくなっちゃうわ。…あと、ズボラちゃん。さっきから気になってたんだけど、ちょっと冷蔵庫が汚れてるんじゃない…？」

「ぎくっ。ついつい面倒で、見て見ぬふりしちゃって…」

「汚れたらすぐふく習慣をつけるといいわよ。大切な食材を入れるところだから、きれいにしておかないとね」

食材をいためないための　冷蔵庫のお手入れポイント

冷蔵庫の掃除は段どりが命！　食材がいたまないように生鮮食品を移動させながら、冷蔵室→野菜室→冷凍室、というように、場所ごとに順に掃除するとスムーズです。

庫内をふく

○庫内のにおいは、菌の繁殖が原因。脱臭剤だけでは解決できません。
○ぬらした布やペーパータオルで汚れをふき、乾いた清潔な布に食品用アルコールを含ませ、仕上げぶきをします。
○ふだんから、汚れたらすぐにふきとる習慣をつけておきましょう。

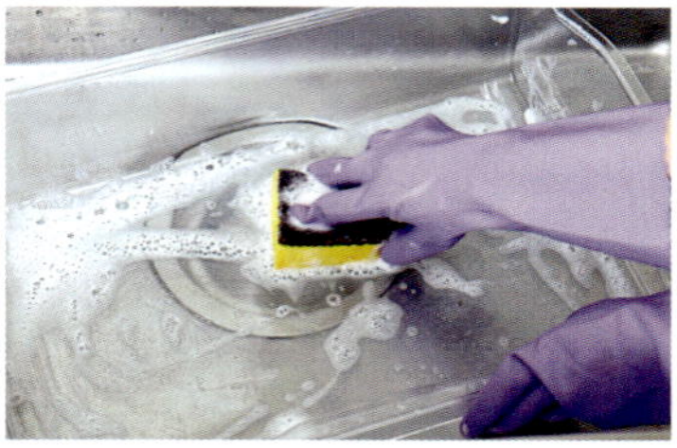

部品を洗う

○棚板やポケットなど、はずせる部品をはずし、中性洗剤とスポンジで洗います。乾いた清潔な布で水気をふき、よく乾かしてから庫内に戻しましょう。
○においが気になるときは、漂白剤につけおき、除菌もすると安心。

ドアパッキン・外側のお手入れ

○ドアパッキンの汚れは、冷蔵庫の冷気がもれる原因にもなります。綿棒に食品用アルコールを含ませ、パッキンにそわせてふきとります。
○ドアのとっ手や表面も、食品用アルコールを含ませた布でふきます。

冷蔵庫保存のための大原則

1. ぎゅうぎゅう詰めにしない

詰めこみすぎると、冷気がうまく流れなくなります。7割程度をめやすに。また、なるべく小分けにし、冷気の吹き出し口をふさがないようにしましょう。

2. 扉の開閉に注意

ひんぱんに開閉すると、庫内の温度が上がってしまいます（室温18℃で扉を10秒開放した場合、庫内が３～５℃上昇するというデータも）。どこに入れるか、何をとり出すのか考えてから、開け閉めするように心がけましょう。

びん・缶類

○外側に雑菌が付着しているおそれがあるので、外側をきれいにふくか、清潔なポリ袋に入れてから収納すると安心です。

○冷蔵・冷凍の必要のないものは入れないようにしましょう。

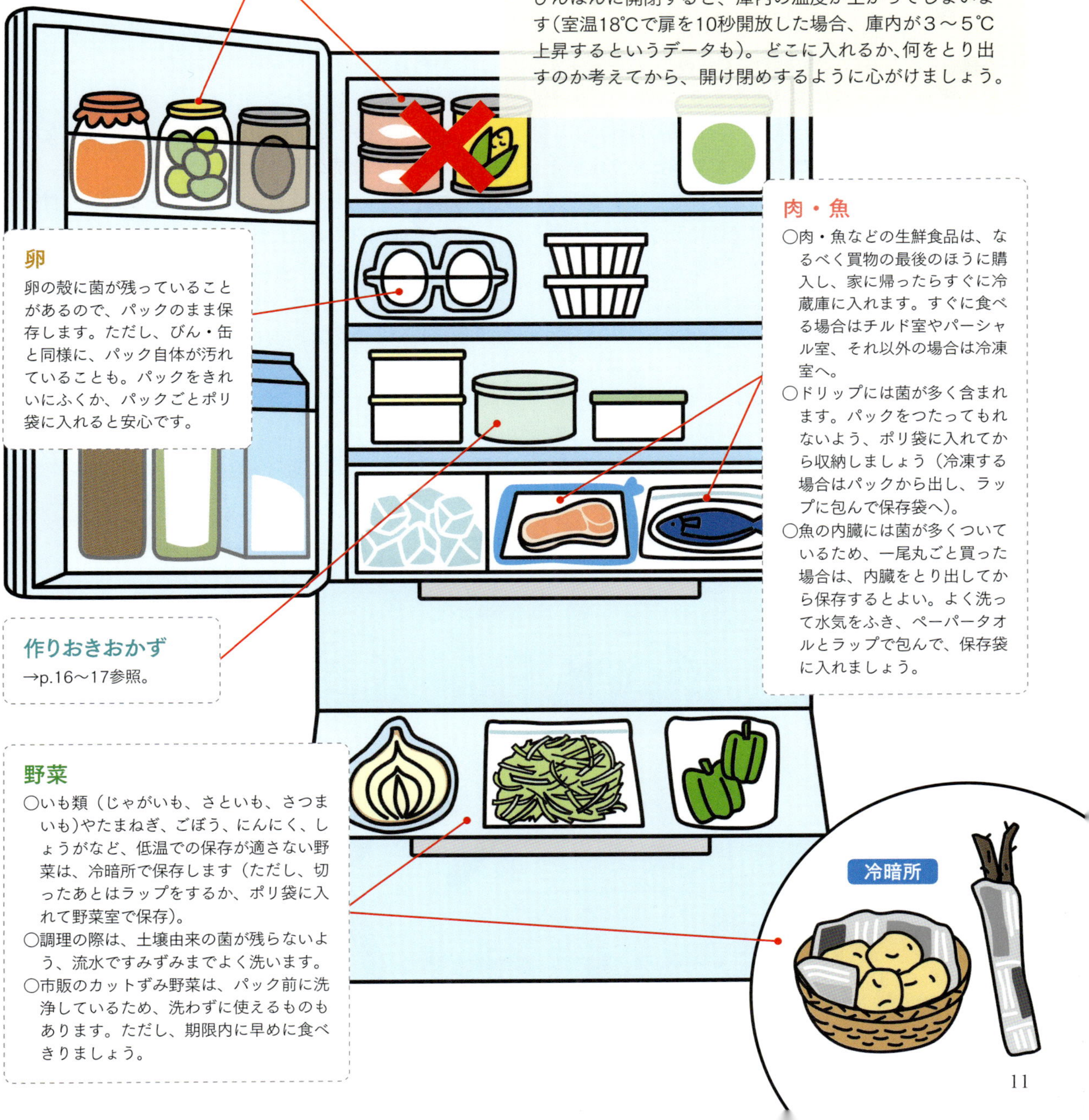

卵

卵の殻に菌が残っていることがあるので、パックのまま保存します。ただし、びん・缶と同様に、パック自体が汚れていることも。パックをきれいにふくか、パックごとポリ袋に入れると安心です。

肉・魚

○肉・魚などの生鮮食品は、なるべく買物の最後のほうに購入し、家に帰ったらすぐに冷蔵庫に入れます。すぐに食べる場合はチルド室やパーシャル室、それ以外の場合は冷凍室へ。

○ドリップには菌が多く含まれます。パックをつたってもれないよう、ポリ袋に入れてから収納しましょう（冷凍する場合はパックから出し、ラップに包んで保存袋へ）。

○魚の内臓には菌が多くついているため、一尾丸ごと買った場合は、内臓をとり出してから保存するとよい。よく洗って水気をふき、ペーパータオルとラップで包んで、保存袋に入れましょう。

作りおきおかず

→p.16～17参照。

野菜

○いも類（じゃがいも、さといも、さつまいも）やたまねぎ、ごぼう、にんにく、しょうがなど、低温での保存が適さない野菜は、冷暗所で保存します（ただし、切ったあとはラップをするか、ポリ袋に入れて野菜室で保存）。

○調理の際は、土壌由来の菌が残らないよう、流水ですみずみまでよく洗います。

○市販のカットずみ野菜は、パック前に洗浄しているため、洗わずに使えるものもあります。ただし、期限内に早めに食べきりましょう。

3 菌をつけない・残さない
調理中＆あと片付けのコツ

「こんにちは、ズボラちゃん。あら、お料理中？」

「そうなの。もうすぐできあがるから、よかったら一緒に食べようよ♪　さーて、お肉は切り終わったから、次は野菜を切ろうっと」

「そのまな板で、野菜を切っちゃダメー！　肉についていた菌が野菜に移ってしまうわ。まな板は肉・魚用と野菜用で使い分けるのが鉄則よ。包丁もそのつどよく洗ってね」

「まな板の使い分けって、そういう意味があったんだね。勉強になったよ☆　よーし、できあがり！　お皿に盛りつけなくっちゃ」

「ズボラちゃん、その菜箸、さっきお肉を焼いたときに使ってたやつじゃ…？」

「うん。同じお肉を盛りつけるんだから、この菜箸を使っても大丈夫でしょ☆？」

「調理前の食品を扱った菜箸で、調理後のものをさわるのはよくないわ。せっかく加熱して菌が死滅したのに、また菌をつけちゃうことになるわよ」

「はーい。じゃあ、気をとり直して、いただきまーす！」

（ごはんを食べ終わって…）

「ごちそうさま、とってもおいしかったわ。さて、洗いもの手伝うわよ」

「えー、もう今日は疲れちゃったよ。片付けは明日にして、テレビでも観ようよ♪」

「洗いおけの中に食器を入れっぱなしにしておくと、食べ残しを栄養分にして、菌が増殖しやすいのよ。少し休憩するくらいならいいけど、なるべく早めに洗いましょ」

調理中

まな板

○〈加熱していない肉・魚用〉と〈野菜・調理ずみ食品用〉とで使い分けましょう。生の肉や魚を扱ったあとは、水で流してから洗剤で洗います。

○木製のものは使う前に水でぬらすと、汚れがしみこみにくい。

しゃもじ

炊飯器の中に入れたままにしておくのはやめましょう。炊飯器のポケットに入れるか、小皿に置きます。

水道水

朝一番に使うときや、長い間使わなかったときは、管にたまった水を少し出してから使うと安心。出した水は植物の水やりなどに使えます。

包丁

野菜→肉・魚の順で切り、調理前の食材を切った包丁で、調理後の食材を切らないようにします。生の肉や魚を扱ったあとは、そのつど洗剤で洗いましょう。

菜箸

○調理前の食材を扱った菜箸で、調理後の食材をさわらないようにしましょう。

○数本用意しておくとよい。

「じゃあ私が食器を洗うから、白川さんふいてくれる？」

「いいわよ…と言いたいところだけど、そのスポンジ、きちんと洗ってる？　だいぶ汚れてるようだけど…」

「え、スポンジって洗わなきゃいけないの？食器を洗うときに洗剤をつけてるんだから、わざわざ洗わなくっても大丈夫じゃない☆？」

「コラーーー!!　食べもののかすがついたままのスポンジは、菌にとって居心地バツグンなのよ」

「ス、スミマセン…。実は、スポンジのお手入れがよくわからなくって。専用の洗剤で、除菌をしたほうがいいの？」

「スポンジの除菌もできる洗剤や漂白剤を使ってもいいけど、熱湯で充分消毒できるの。乾くのも早くなるし、一石二鳥よ」

「それはズボラ的にもうれしいね☆　給湯器のお湯でもいいの？」

「おすすめは熱湯だけど、給湯器（約60℃）のお湯でもある程度効果はあるわ。まな板に食器、ふきんまで、熱湯消毒は使えるわよ*」

「熱湯で殺菌できるなんて意外だったな。明日からいろいろ試してみようっと♪」

こんなにすごい、熱湯消毒

キッチンの消毒というと、専用の洗剤や漂白剤を思い浮かべがち。でも、熱湯をかけるだけでも同等の効果があるのです。最後にしっかり乾燥させるのもお忘れなく！

ふきんの洗浄方法別細菌数

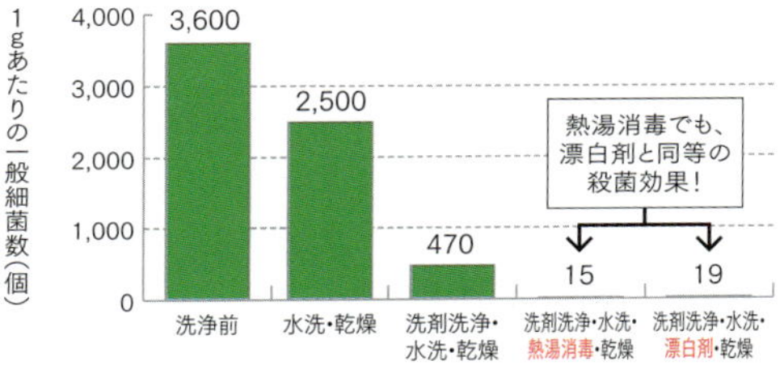

1gあたりの一般細菌数（個）
4,000
3,000
2,000
1,000
0
3,600
2,500
470
15
19
熱湯消毒でも、漂白剤と同等の殺菌効果！
洗浄前
水洗・乾燥
洗剤洗浄・水洗・乾燥
洗剤洗浄・水洗・熱湯消毒・乾燥
洗剤洗浄・水洗・漂白剤・乾燥

＊ただし、包丁は切れが悪くなることがあるので避けましょう。また、一部のプラスチック製のものなどは、変形することもあるので注意。

あと片付け

まな板

○食器用洗剤をつけたスポンジでよくこすり、しっかりすすぎます。

○最後に熱湯をかけて消毒し、風通しのよい場所に立てかけて乾かします。さらに、週に１度は漂白剤で消毒すると、黒ずみも防げます。

○木製の場合は、傷が目立ってきたらけずり直しを。

ふきん

○〈テーブル・調理台用〉、〈食器用〉で使い分けを。食器用は２〜３枚用意し、湿ってきたら交換します。

○その日のうちに、食器用洗剤で洗ってすすぎ、よく乾かします。

○週に１度をめやすに、漂白剤につけるか、熱湯をかけて殺菌消毒を行い、しっかり乾燥させます。

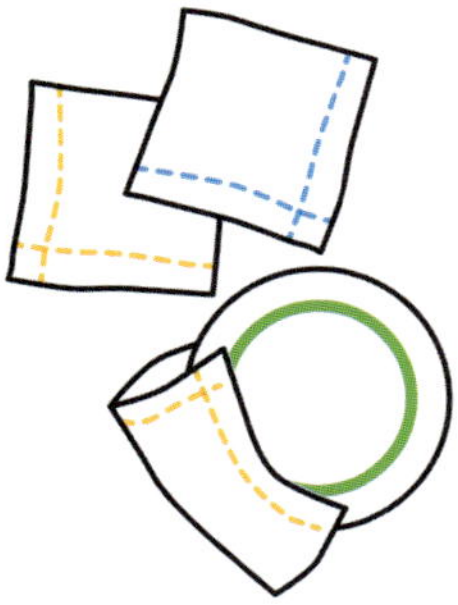

食器

○食べ終わったあとは放置せず、なるべく早めに洗います。

○食器用洗剤で洗ってすすぎ、仕上げに熱湯をかけて消毒すると、さらに安心。よく乾かしてから収納します。

スポンジ

○中に含んだ汚れや洗剤をしぼり出すようにもみ洗いし、よくすすぎます。最後に熱湯をかけて消毒し、さめたら強くしぼって水気をきり、しっかり乾燥させましょう。

○２か月をめどに新しいものと交換しましょう。

4 安心な食事作りは 清潔なキッチンから

「ズボラちゃん、いらっしゃい。この間のお礼にごちそうするわ。さあ入って」

「おじゃましまーす。わあ、白川さん家のキッチンって床も壁もピッカピカ！」

「ふふふ、ありがとう。部屋自体が汚いと、ほこりと一緒に菌が舞い上がってしまうからね」

「私も、掃除機はこまめにかけてるよ。ズボラにしてはがんばってるでしょ」

「そうね、あとはぞうきんがけもするといいわよ。ぞうきんをお湯でしぼって（やけどに注意）ふいてね」

「はーい、やってみます！　…あっ、さすが白川さん、換気扇もピカピカだね。私なんて、前に洗ったのがいつだか思い出せないよ…」

「コラー！　換気扇のベトベトした油汚れには、菌もたくさんついているのよ。フィルターは２～３か月に一度は掃除しておきたいわね。お湯につけると、油汚れがゆるみやすいわ」

「ゴメンナサイ…。それにしても、こんなにきれいなキッチンだったら、ハエとかゴキブリも出ないんじゃない？　うらやましい～」

「ハエ対策なら、生ごみの処理も大切よ。流し台に置きっぱなしにしないで、ふたのついたごみ箱にこまめに捨ててね。あと、害虫と一緒にしてはかわいそうだけど、ペットもキッチンには入れないほうがいいの。ペットを介して菌がつくこともあるし、けがをさせてもいけないしね」

「ふむふむ。ペットと人間、親しき仲にも礼儀ありってことだね☆」

生ごみ処理のポイント

生ごみはこまめに捨てる

○水気の多い三角コーナーや排水口のごみ受けは、菌が増殖しやすい。ごみが少量の場合でも、ふたのついたごみ箱に毎回捨てます。

○シンクの三角コーナーの代わりに、ミニごみ箱（作り方は右記）を調理台に置いて使うと、水気を吸いとってくれるうえ、手早く捨てられます。排水口にはネットをかけておくと捨てやすい。

排水口の掃除も忘れずに

○排水口そのものも毎日掃除します。重曹を使うとかんたん。

○重曹をたっぷりふりかけて、５分ほどおきます。掃除用スポンジを軽くぬらし、ざっとこすってから、水で洗い流します。

ミニごみ箱の作り方

チラシなどの不要な紙で作っておくと便利です。

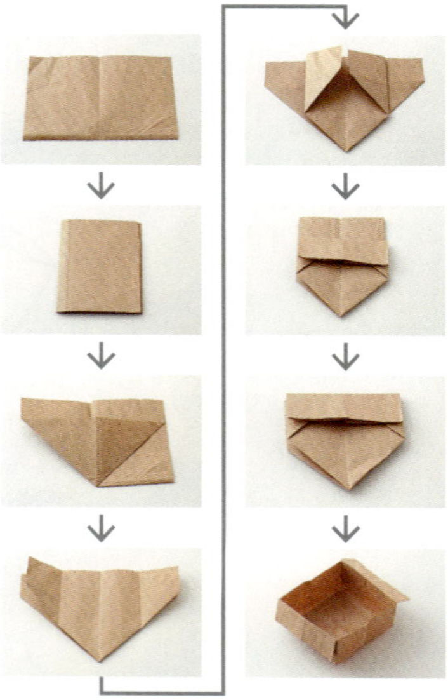

換気扇

フィルター・ファンを洗う

○固まってしまった油汚れは、そのままでは落としにくい。湯につけて、30分～1時間おき、汚れをゆるめます。そのあと洗剤をつけ、使い古しの歯ブラシやスポンジで洗います(傷つけないよう、金属製のスポンジは避けて)。

○フィルターは2～3か月に1度、ファンは1年に1度をめやすにお手入れを。使い捨てのフィルターも2～3か月に1度交換しましょう。

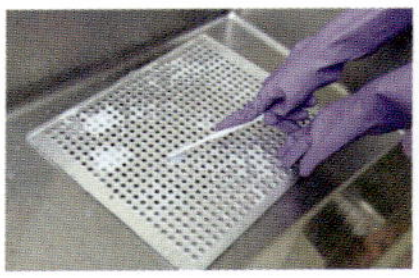
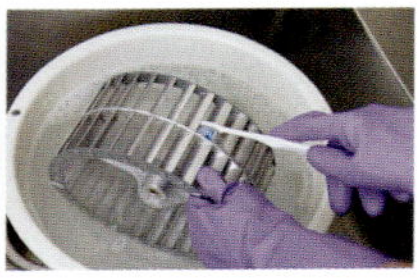

キッチン掃除に便利な“重曹”

重曹には、食べかすや油などの酸性の汚れを中和して、落とす効果があります。人体に害がないので、小さな子どもがいる家でも安心。ここで紹介した以外にも、キッチン全般の掃除に使えます。

〈流し台・ガスコンロに〉

重曹をふりかけて、ぬらしたスポンジでこすり、洗い流すか水ぶきする。

〈キッチンの壁に*〉

重曹スプレー（水やぬるま湯200mℓに重曹大さじ１を加えて溶かす）をふきかけ、布でふきとる。

キッチンの床

掃除機をかける

○掃除機をかけるだけで、かなりのほこりがとれます。ただし、掃除機の排気には、細かいちりやほこりが含まれるので、換気を忘れずに。

油汚れはぞうきんがけで*

○軽い汚れは湯でぞうきんをしぼり、ふきとります。

○油汚れのベタつきがひどいときは、湯に重曹を溶かし、上記と同様にふきます。最後に、水か酢水（重曹の成分が中和でき、消臭・抗菌作用もある。賞味期限がきれた酢でもOK）でふき、からぶきします。

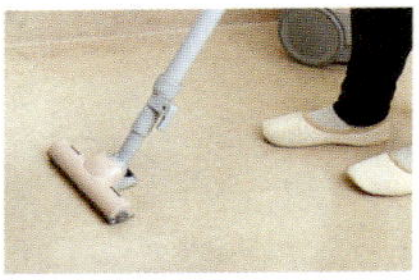

*水ぶきや重曹、酢でいたんだり、変色したりする壁材や床材があるので、注意してください。

5

作りおきおかずを いたみにくくするコツ

「こんにちは、ズボラちゃん。あら、いいにおい。カレーを作っているの？　あれからキッチンはきちんと清潔にしているようね。えらい！」

「うん、キッチンがきれいだと、料理をしていても気持ちがいいしね」

「あっ、そのカレー、もう冷蔵庫に入れちゃうの？　まだ湯気が出てるわよ！」

「だってぇ…。作った料理を室温に置きっぱなしにするのはよくないって、白川さんも言ってたじゃない。だったら早く冷蔵庫に入れて冷やしたほうが安心でしょ？」

◎料理はさましてから冷蔵庫へ

「いい？　考えてもみて。たとえ冷蔵庫の中が10℃でも、そこに入れたものがすぐ10℃になるわけではないわよね？　だから、料理を急激に冷やすのに、実は冷蔵庫は不向きなの。逆に温かいものを入れると庫内の温度が上がって、ほかの食材がいたんじゃうわ。冷蔵庫はあくまで、冷たいものを持続して冷やす場所だと思ってね」

「言われてみれば、確かにそうだよね。じゃあ、どうしたらいいの？」

「鍋や容器を氷水につけると、すぐにさめるわよ。あと、なるべく小分けにするのも、早くさますコツね！」

「う…、ちょっと面倒だけど、そのひと手間が大切なんだね～」

「小分けにしておけば、冷凍するときも便利よ。食べるときに、必要な分だけとり出せるでしょ」

料理はさましてから冷蔵庫に

すぐに冷やしたいからと、温かいうちに冷蔵庫に入れてはいけません。あらかじめさましてから冷蔵庫に入れましょう。ベストは氷水で冷やすこと。あるいは、保存容器に小分けにすると、比較的早くさめます。

保存容器も清潔に

せっかくキッチンの衛生状態や調理方法に注意をしても、保存容器が不潔だと台なしです。やはり有効なのは熱湯消毒。きちんと洗い、熱湯を回しかけておけば安心です（ただし、熱に弱い素材の容器もあるので注意します）。また、お弁当箱もパッキンなどをはずし、熱湯消毒しましょう。消毒したあとは、きれいなふきんでふきます。

「なるほど！　出かける前に、夜食べる分だけ室温に出しておけば、帰ってくるころにはちょうどよく解凍されて、すぐに食べられるかも☆」

「それはダメよ！　自然解凍は、ドリップと一緒にうま味が流れて味が落ちやすいし、なにより解凍する間に菌が繁殖するおそれがあるの。冷凍したものは、冷蔵室に移すか、氷水につけて解凍させてね」

「また氷水か…。ひとり暮らしの小さな冷凍室じゃ、氷を作るのが追いつかないよ〜」

「凍ったまま鍋やフライパン、電子レンジで加熱解凍（調理）するのもおすすめよ。要は菌が繁殖できる温度帯（多くの菌の場合10〜40℃。37℃でもっとも活発になる）に、食材を長時間おかないことが大切なの」

「ふ〜ん。？　でも、特にじゃがいも入りのカレーは、冷蔵庫に入れておいてもいたみやすいような…」

◎温め直すと、より安心

「そう、じゃがいもは土の中にできる野菜だし、でんぷん質だから、もともと菌が多くていたみやすいの。カレーに限らず、冷蔵庫で保存して、何日かに分けて食べるようなものは、1日1回鍋やレンジで温め直すと安心よ（※いか、たこなどはレンジで加熱するとはねる場合があるので注意する。また、ピクルスなど温めるとおいしくないものは例外）」

「温め直すのはいいけど、室温でさましている間に、また菌が増えて逆効果なんじゃ？」

「30分くらいなら大丈夫。さらに、食べる前にもしっかり加熱するといいわね」

「は〜い。これで大好きなカレーが安心して食べられるよ」

「でも、作りすぎには注意よ！　いたむ前に食べきれるよう、計画的に作ってちょうだいね」

→次ページにつづく

自然解凍はNG！

室温で解凍する自然解凍は、解凍する間に菌が繁殖するおそれがあるので、避けましょう。冷蔵室で解凍しましょう。その際、解凍中に出てくる水分が、庫内のほかの食品につかないよう注意します（汚染の原因になることも）。急ぐときは保存袋や容器ごと氷水につけて解凍するとよいでしょう。また、凍ったまま加熱する、加熱解凍もおすすめです。

中心部まで加熱する

食中毒を起こす菌の大半は、充分な加熱で死滅しますが、この加熱が不充分であることも多いのです。たとえば、ハンバーグやフライなど、表面は大丈夫そうでも、内部まで火が通っていないことがあります。また、カレーなどを温め直す際も、表面が沸騰する程度では不充分。かき混ぜながら、中心部までしっかり加熱します。電子レンジを使うときも、加熱むらを防ぐため、途中でとり出してかき混ぜるとよいでしょう。

◎いたみにくくするコツは？

「ほんと、特に暑い時期って、気をつけていても、料理がすぐいたんじゃうよね。よく加熱するのが大切ってことはわかったけど、ほかにも気をつけることはある？」

「菌が繁殖するには、菌にとって適度な温度であるのと同時に水分が必要なの。だから、なるべく水分が残らないような調理法にするといいのよ」

「ふーん。それって、具体的にはどういうものなの？」

「焼く、揚げる、炒める、といった調理法よ。煮ものなら、なるべく水分を残さないよう、いり煮（材料を炒めてから煮る調理法）にするのがおすすめよ。あと、少し味つけを濃いめにするのもいいわね（右下参照）」

「ふむふむ。ほかにも何か工夫できることはないかなあ？」

「抗菌効果のある食材があるのよ。たとえば、梅干しや酢、わさび、からしなど。昔の人もよく言っていたでしょ」

「そういえば、うちのおばあちゃんが、おもちを保存するとき、からしを一緒に入れてたなあ。あれは長もちさせるためだったのか。料理に加えるだけでいたまないなんて夢のよう。これからは梅干しや酢を入れまくるぞ〜」

「待ちなさい！　いたまないなんて誰も言っていないわよ。しっかり加熱する、キッチンを清潔にするなど、食中毒予防の基本を守ったうえでの話よ。それに、わさびやからしは加熱すると抗菌効果が薄れるから要注意ね！」

「は〜い。でも、梅干しや酢はさっぱりするし、わさびやからしは食欲をそそるから、夏バテのときにもよさそうだね☆」

「過大評価はしてはダメだけれど、昔の人の知恵というのは侮れないわね」

水分は極力カット

菌が繁殖する原因のひとつが水分。たとえば、乾物などがいたみにくいのは、水分がほとんど含まれていないからです。いたまないようにするには、しっかり火を通すとともに、水分を極力とばすことが大切。焼く、揚げる、炒める、といった調理法がおすすめです。いり煮（炒めてから煮る調理法）などでも。いり煮は仕上げに水分をしっかりとばすのがコツです。

味は濃いめ＆抗菌食材を活用

塩や砂糖を加えると食品中の水分が減るため、いたみにくくなる効果があります。日もちさせたいときは、味つけを気持ち濃いめにするとよいでしょう。ただし、その分ほかのおかずの味つけはうすめに。また、梅干しや酢、わさび、からしには、菌の繁殖をおさえる効果が期待できます（とりわけ梅干しと酢は効果が強い）。ただし、絶対的なものではありません。サポートしてくれるものとして上手に活用しましょう。

抗菌には梅干しや酢、わさび、からしが有効！

ベターホームでは、一般的な材料で調理した場合と、抗菌効果が期待できる食材を加えた場合において、35℃で保管したときの菌の増殖を調べました。その結果、梅干しと酢、わさび、からしに抗菌効果があることがわかりました。
※株式会社食品微生物センターにて調査。一般細菌数は、一定の条件のもとで発育した中温性好気性菌数のことで、食品の微生物汚染の程度を示す代表的な指標。そうざいの場合は、1gあたり10万個以下であれば衛生的とされる。

梅干し

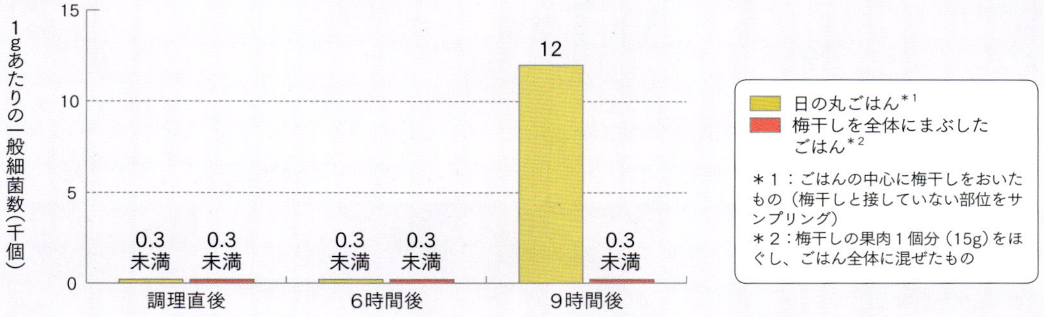

酢

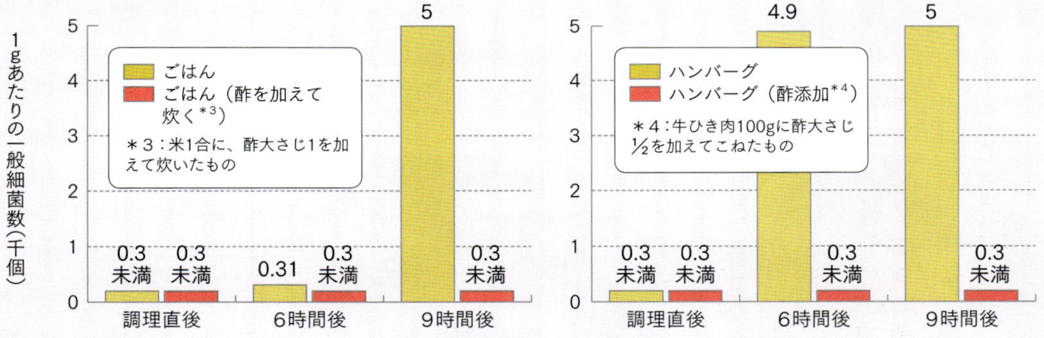

わさび・からし

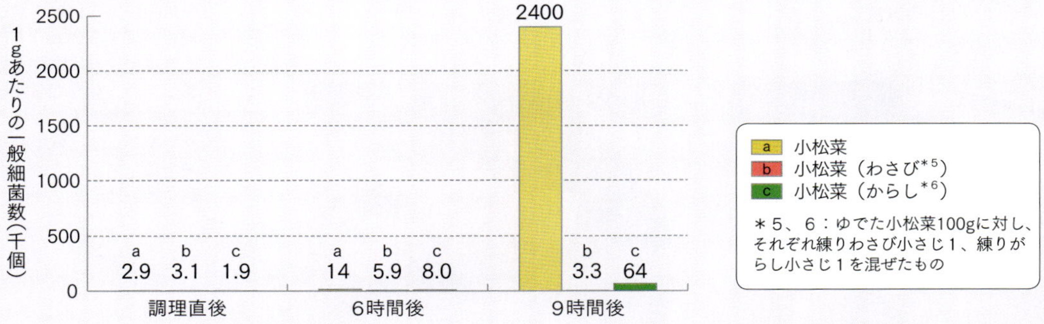

正しい手洗いを

調理前、調理の途中でトイレに行ったとき、生肉や生魚を扱ったあと、このほか鼻をかんだり、髪の毛をさわったあとにも、必ず石けんで洗いましょう。時間をかけて洗い、すすぎもしっかりと行います。

1 石けん（薬用石けんがよいが、ふつうの石けんでも９割方の菌は落ちる）を泡立てる。

2 手のひらをこすり合わせて、泡を広げる。

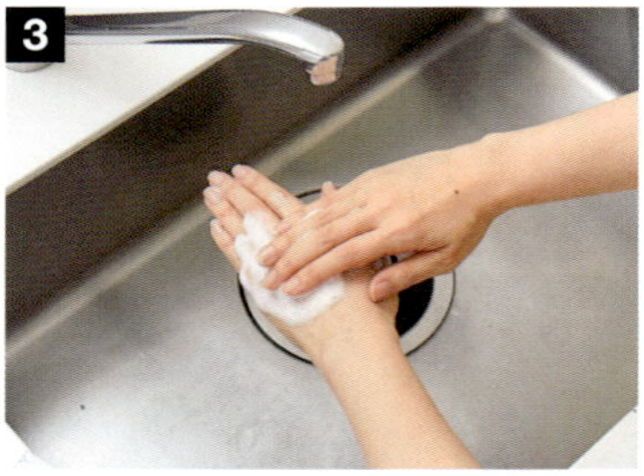

3 手の甲を、こするように洗う。

4 指と指を組むようにして、指の間を洗う。

5 爪で反対側の手のひらをひっかくようにし、爪先を洗う。

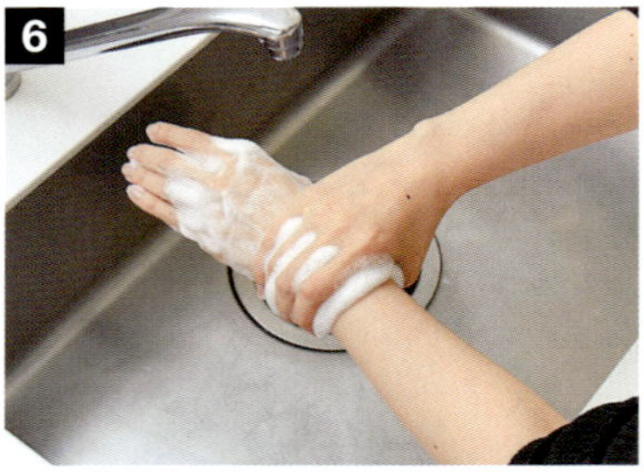

6 手首を手のひらで握り、回転させるように洗う。ここまでの時間のめやすは20秒。

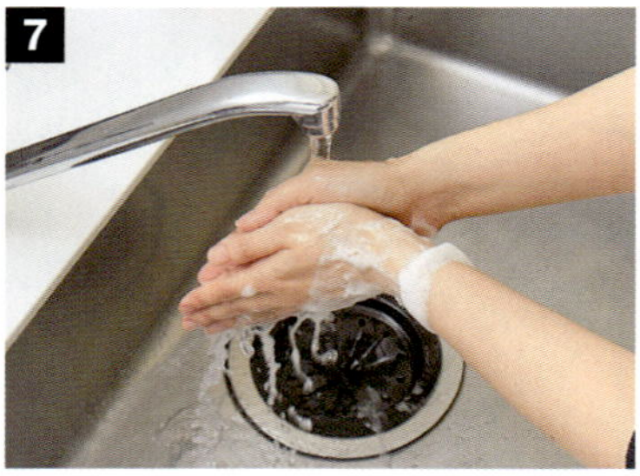

7 流水で泡を充分に洗い流す。

8 清潔なタオルやペーパータオルでふく。

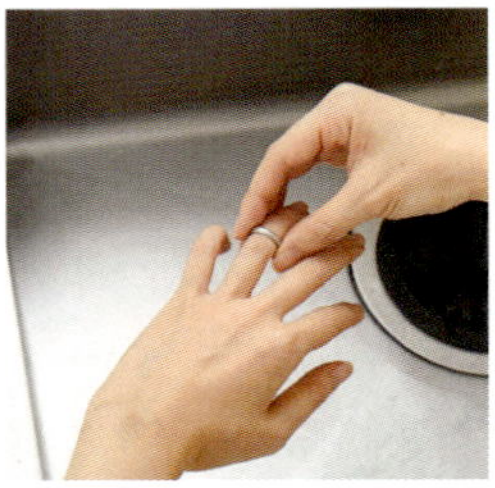

指輪や腕時計は、菌の隠れる格好の場所になるので、はずしましょう。

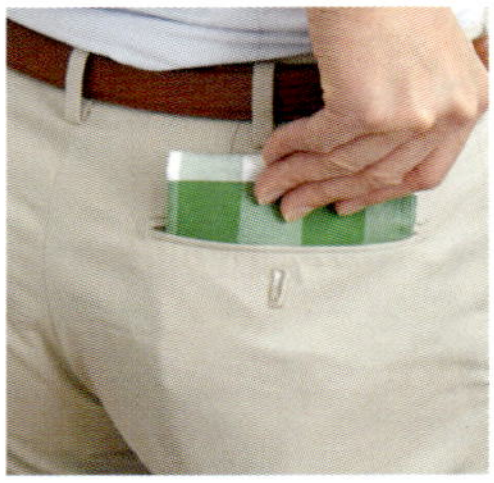

ポケットなどに入れたハンカチは菌が繁殖しがちなので、調理中は使わないようにしましょう。

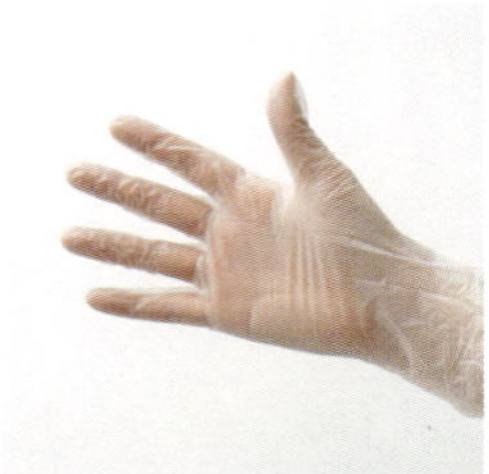

手や指の傷口にはブドウ球菌がいます。ケガしているときはできれば調理を休みましょう。無理なら使い捨ての手袋や消毒した指サックで覆います。絆創膏や包帯では、菌が出てくるのを防ぐことはできません。

いたみにくい
作りおきおかず

　仕事、家事、育児、介護…なにかと忙しい毎日を助けてくれるのが、作りおきおかずです。

　でも、せっかくまとめて作りおいたのに、気がついたらいたんでいた…なんてことになったら本末転倒です。

　まずは、食中毒予防の基本を守り、キッチンを清潔に保つこと。さらに、味を少し濃いめにしたり、菌の増殖をおさえる効果がある梅干しや酢を活用するなど、ちょっと気を配れば、ぐんといたみにくくなります。

　安心、さらに、おいしくてかんたんな、作りおきおかずのレパートリーを増やして、毎日の食事作りをラクにしましょう。

※お弁当にものマークがあるおかずは、お弁当にも向きます。ただし、保存期限ぎりぎりの場合は、お弁当に入れるのは避けましょう。また、お弁当に入れる前に温め直し、さめてから詰めるようにします。

冷蔵
3日
保存可能
野菜の甘味で
からしの辛味が
やわらぎます
からし

豚ロース肉のからし風味

□ **材料（４人分）**

豚ロース肉（とんカツ用）…４枚（400g）
［塩…小さじ½
　こしょう…少々
たまねぎ…大１個（250g）
にんじん…½本（100g）
白ワイン…大さじ２
練りがらし…小さじ２（12g）

食べるとき

温め直し、パセリを散らします。

□ **作り方（20分〔さます時間は除く〕／ １人分303kcal）**

①たまねぎは薄切り、にんじんは３～４cm長さのたんざく切りにする。

②肉は赤身と脂身の境にある筋に切りこみを入れ、肉たたきなどでたたいてやわらかくする。両面に塩、こしょうをふる。

③深めのフライパンに①の半量を敷く。肉を並べ、①の残りをのせ（写真a）、白ワインを加える。ふたをして（ぴったりしまるものを使う）、弱火で10～12分蒸し煮にする。さめたら、からしを加えて混ぜる。

a

冷蔵
4～5日
保存可能
おかず、
おつまみ、
お弁当と、
幅広く使えます
お弁当にも
（清潔な包丁で切り、汁気はきる）
味
しっかりめ

みそ煮豚

□ **材料（４人分）**

豚肩ロース肉（かたまり）…400ｇ

A
- ねぎ（緑の部分）…５㎝
- しょうが（薄切り）…１かけ（10ｇ）
- 八角*…小１片

B
- 砂糖…小さじ２
- 赤みそ**・しょうゆ・酒…各大さじ２

水…400㎖

食べるとき

食べやすく切って温め直し、サラダ菜やねぎのせん切りを添えます。

□ **作り方（🕓50分〔つける・さます時間は除く〕／１人分276kcal）**

①肉は、表面をフォークや竹串などで刺し、数か所穴をあける。Ｂは合わせる。

②鍋に肉、Ａ、Ｂを入れ、冷蔵庫で30分以上つける。

③分量の水を加えて火にかける。煮立ったら中火にし、落としぶたをし、ふたをずらしてのせる。時々肉の上下を返しながら、煮汁が少し残る程度まで、30～40分煮る。そのままさます（さめたら冷蔵庫に移す）。

＊１片は、星形になっているうちの１かけら。
＊＊なければ、信州みそなどの淡色みそでも。

冷蔵
3日
保存可能
材料を合わせて
煮るだけ！
酢
お弁当にも

豚肉の黒酢煮

□ **材料（４人分）**

豚肩ロース肉（薄切り）…300g

A
- 砂糖…大さじ３
- 黒酢*…大さじ３
- しょうゆ…大さじ$1\frac{1}{2}$
- 水…大さじ１

赤とうがらし…１本

＊なければ、ふつうの酢で代用しても。

□ **作り方（15分／１人分223kcal）**

①とうがらしは種をとり、小口切りにする。豚肉は大きければ３～４㎝長さに切る。

②鍋に肉と**A**、とうがらしを入れ、中火にかける。煮汁がなくなるまで、時々混ぜながら煮る。

冷蔵
3～4日
保存可能
酢
水分
少なく
お弁当にも
（清潔な包丁で
切る）

ポイント
肉だねを混ぜるときに酢を加えます。加熱すると、酸味は気になりません。

のしどり風ハンバーグ

□ 材料（４人分）

とりひき肉…300g

A［ パン粉…カップ½（20g）
　　マヨネーズ・みそ・酢…各大さじ２

サラダ油…大さじ½

□ 作り方（🕓20分／１人分216kcal）

①大きめのボールにAを入れて混ぜ合わせ、ひき肉を加えてよく練り混ぜる。ひとまとめにし、ボールの中で大まかに２㎝厚さの正方形にする。

②フライパンに油を入れ、①を入れて形を整える（写真a）。ふたをして、弱めの中火で７～８分焼く。裏返してさらに３～４分焼き、中まで火を通す。

a

食べるとき

食べやすい大きさに切り分けて温め直し、いりごま（白）をふります。

冷蔵
3日
保存可能
味
しっかりめ

蒸しどりのオイルづけ

a

□ **材料（４人分）**

とりむね肉（皮なし）
…２枚（400g）

A［塩…小さじ1/4
　 酒…大さじ３

ねぎ…20㎝
しょうが…２かけ（20g）
サラダ油…150㎖

B［塩…小さじ1/2
　 しょうゆ…大さじ1/2
　 こしょう…少々

□ **作り方（15分〔つける時間は除く〕／１人分326kcal）**

①とり肉は、厚みのある部分に切りこみを入れる。耐熱容器に入れてAをなじませ、ラップをかけて電子レンジで７～８分（500W）加熱する（途中上下を返す）。さめたら約２㎝幅に切る。汁ごと保存容器に入れる。

②ねぎ、しょうがはみじん切りにする。

③深めのフライパンに油を入れ、160℃に温める。火を止めて、②を加える。さめたら、Bを加えて混ぜ、①にかける（写真ａ）。冷蔵庫に移し、30分ほどおくと、味がなじむ。

アレンジ

つけた油には塩気があり、香味野菜や肉のうま味もあります。酢と合わせてドレッシングにしたり、チャーハンの炒め油に使っても。

牛肉のマリネ

□ 材料（4人分）

牛肉*（焼き肉用）…300g

A
- 塩…小さじ⅙
- 黒こしょう…少々

サラダ油…大さじ½

たまねぎ…¼個（50g）

セロリ…½本（50g）

B
- 酢…大さじ2
- 酒…大さじ2
- しょうゆ…大さじ1
- サラダ油…大さじ2

＊部位は肩ロース、ももなどが向く。

□ 作り方（15分〔つける時間は除く〕／1人分224kcal）

①たまねぎは薄切りにする。セロリは筋をとり、4～5㎝長さのスティック状に切る。

②保存容器にBを順に合わせてよく混ぜ、①をつける。

③牛肉にAをふる。フライパンに油大さじ½を温め、中火で肉の両面を焼く。

④肉が熱いうちに②につける。さめたら冷蔵庫に移し、20分ほどおくと、味がなじむ(時々肉の上下を返す)。

冷蔵
3～4日
保存可能
からいりするとくさみがとれて、食べやすい
味しっかりめ
水分少なく
お弁当にも

レバーのしぐれ煮

□ 材料(4人分)

とりレバー…300g
しょうが…大1かけ(15g)
A［みりん・しょうゆ・酒…各大さじ2

□ 作り方(20分／1人分108kcal)

①しょうがは細切りにする。レバーは水でよく洗い(写真a)、水気をきる。脂肪と血のかたまりを除いて(写真b)、ひと口大に切る。

②鍋にレバーを入れ、表面が白っぽくなるまでからいりする(写真c)。レバーから出た水分とアクを捨てる。

③しょうがとAを加え、中火で汁気がほとんどなくなるまで煮る。

a

b
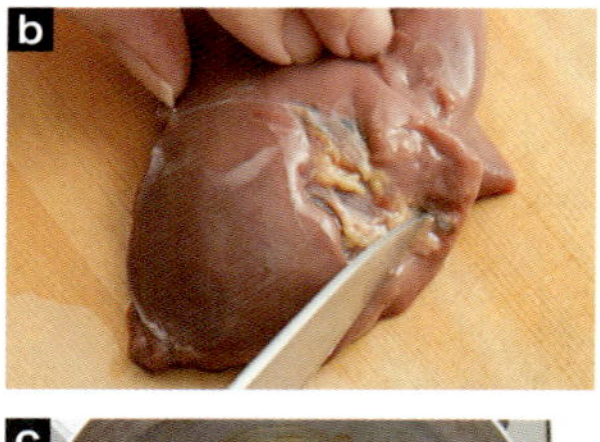

c
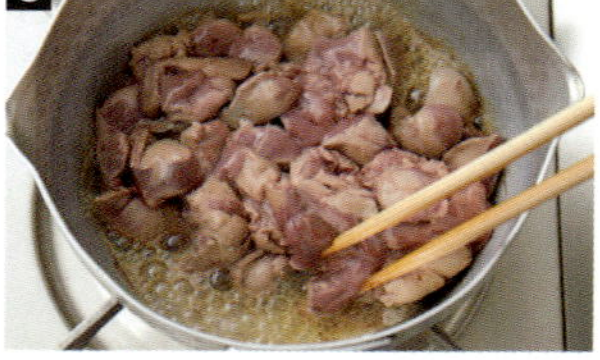

あじの焼きづけ

□ **材料（４人分）**

あじ（三枚におろしたもの）…４尾分（300g）
　塩…小さじ¼
ねぎ…１本
ししとうがらし…８本
サラダ油…大さじ１

A
- 砂糖…大さじ½
- 酢…大さじ３
- しょうゆ…大さじ１
- みりん…大さじ１
- ごま油…大さじ１
- 塩…小さじ¼

□ **作り方（🕓20分〔つける時間は除く〕／１人分160kcal）**

①あじは小骨をとり、長さを半分に切る。塩をふり、約10分おく。
②ねぎは４㎝長さに切る。ししとうはへたの先を切り落とす。
③保存容器に**A**を合わせる。
④フライパンに油大さじ½を温め、中火でねぎ、ししとうを焼き、熱いうちに③につける。
⑤続いて、油大さじ½をたす。あじを皮を下にして入れ、両面に焼き色がつくまで焼く。熱いうちに③につける。さめたら冷蔵庫に移し、約10分おく（時々上下を返す）。

冷蔵 3日 保存可能

いわしの梅煮

□ **材料（4人分）**

いわし…4尾（400g）
梅干し…1個（20g）

A
- 砂糖…小さじ½
- しょうゆ…小さじ2
- みりん・酒…各大さじ1
- 水…200㎖

□ **作り方（30分／1人分121kcal）**

①いわしはうろこをとる（刃先を尾から頭の方に向かって動かす・写真a）。胸びれの下に包丁を入れて頭を切り落とし（写真b）、刃先で切り口からはらわたを引き出す（写真c）。腹の中を水でよく洗う。

②鍋にAを合わせ、梅干しをちぎって入れて（種も入れる）煮立てる。

③②にいわしを並べ入れ、落としぶたをする。弱火で約15分、時々煮汁をスプーンでかけながら、煮汁が少なくなるまで煮る。

a

b

c
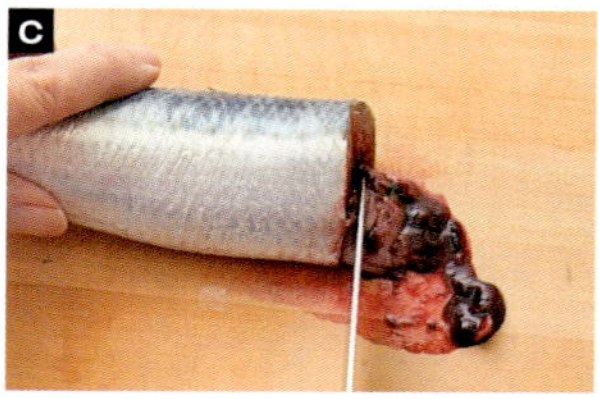

冷蔵
3〜4日
保存可能
ケチャップ味で、
子どもも
食べやすい
酢
味
しっかりめ

さけの変わり南蛮漬け

□ 材料（4人分）

生さけ…小4切れ（300g）
- 塩…小さじ1/3
- こしょう…少々

　かたくり粉…大さじ2
ズッキーニ…1/2本（75g）
たまねぎ…1/2個（100g）

A
- 砂糖…大さじ1
- トマトケチャップ・酢…各大さじ2
- しょうゆ…大さじ1
- 水…100㎖
- 赤とうがらし…小1本

揚げ油…適量

□ 作り方（20分／1人分188kcal）

①ズッキーニは7〜8㎜厚さに切る。たまねぎは薄切りにする。赤とうがらしは種をとり、小口切りにする。
②さけはひと口大のそぎ切りにし、塩、こしょうをふる。
③保存容器にAを合わせ、たまねぎをつける。
④揚げ油を160〜170℃に熱し、ズッキーニをさっと揚げる。熱いうちに③につける。
⑤続いて、さけの水気をふき、かたくり粉をまぶしてカラリと揚げる。熱いうちに③につける。すぐに食べられるが、さめたら冷蔵庫に移し、20分以上おくとより味がなじんでおいしい。

冷蔵 3～4日
保存可能

味しっかりめ
お弁当にも（汁気はきる）

いかの甘から煮

□ 材料（4人分）

いか…2はい（600～700g）

A
- 水…50㎖
- しょうゆ…大さじ4
- みりん・酒…各大さじ3

煮汁を調味料代わりに使って、いかの甘から煮と野菜を一緒に炒めてもおいしい。

□ 作り方（15分／1人分131kcal）

①いかは胴をおさえて足をひっぱり、内臓を引き抜く（写真a）。胴の軟骨を除き（写真b）、中を洗って水気をふく。足は目の下のところで内臓と切り離す。輪になっている足を切り開き、中心にあるかたいくちばし（丸い形）を除く（写真c）。足の吸盤は指でしごきとるか、切りとる。

②胴とエンペラは1㎝幅の輪切りにする。足は2～3本ずつに切り離し、5～6㎝長さに切る。

③深めのフライパンにAを入れて煮立て、いかを加え、混ぜながら強めの中火で約2分煮る。汁ごと保存容器に入れる。

a

b

c

ポイント
たこは薄く切って約1分ゆでで、しっかり火を通します。

たこの梅風味マリネ

□ 材料（4人分）

ゆでだこ…200g
セロリ…30g
オリーブ（黒・種なし）…4個

A
- 梅干し…1個（20g）
- 砂糖…小さじ1
- しょうゆ…小さじ½
- 酢…大さじ2
- サラダ油…大さじ1½
- 塩…少々

□ 作り方（10分〔つける時間は除く〕／1人分91kcal）

①梅干しは種を除き、果肉を包丁でたたく。保存容器にAを合わせ、よく混ぜる。

②セロリは筋をとり、3～4㎝長さの薄切りに、オリーブは輪切りにし、Aにつける。

③たこは斜め薄切りにし、熱湯で約1分ゆでる。ざるにあけて水気をきり、②につける。さめたら冷蔵庫に移し、10～20分おく。

冷蔵
3日
保存可能
お弁当にも
（汁気はきる）
酢

切り干しだいこんのはりはり漬け

□ **材料（4人分）**

切り干しだいこん…30g
こんぶ…5cm
にんじん…50g
しょうが…小1かけ（5g）

A
- 赤とうがらし（小口切り）…½本
- 塩…小さじ¼
- 砂糖・しょうゆ…各小さじ2
- 酒…小さじ1
- 酢…大さじ3

□ **作り方（10分〔つける時間は除く〕／1人分40kcal）**

①切り干しだいこんは食べやすい長さに切り、ざるに入れてさっと洗う。熱湯で約1分ゆでてざるにとる。ラップごしに水気をしぼる（p.58参照）。
②こんぶはぬれぶきんに包んでやわらかくし、細切りにする。にんじん、しょうがはせん切りにする。
③保存容器にAを合わせる。①、②を加えてあえ、冷蔵庫で30分以上おく。

なすのからし漬け

□ **材料（4人分）**

なす…3個（約200g）

A
- 水…200ml
- 塩…小さじ1

B
- 砂糖・しょうゆ…各小さじ1
- 練りがらし…小さじ1（6g）

□ **作り方（15分／1人分19kcal）**

①ボールにAを合わせる。なすは薄い輪切りか半月切りにし、Aにつけ、10分ほどおく。
②保存容器にBを合わせる。なすの水気をしっかりしぼって加え、あえる。

冷蔵
3日
保存可能
なすの水気は、
しっかり
しぼります
からし

冷蔵 3～4日 保存可能 お弁当にも

ひじきとしめじのわさび酢あえ

□ **材料（４人分）**

芽ひじき…12g
しめじ…１パック（100g）
サラダ油…小さじ２
酒…大さじ１
A［練りわさび…小さじ½（３g）
酢…大さじ２
しょうゆ…大さじ１］

□ **作り方（20分／１人分35kcal）**

①ひじきは洗い、たっぷりの水に約15分つけてもどし、水気をきる。しめじは根元を落とし、ほぐす。
②保存容器にAを合わせる。
③フライパンに油を温め、①、酒を入れる。中火で汁気がなくなるまで、しっかり炒める。
④さめたら、②に加えてあえる。

ポイント
汁気をとばすためにしっかり炒めます。油のコクが加わり、わさびの風味もマイルドに。

酢 わさび

たまねぎの梅びたし

冷蔵 3～4日 保存可能

□ **材料（４人分）**

たまねぎ…２個（400g）
梅干し…４個（80g）
A［だし…400mℓ
酒…大さじ２
しょうゆ…大さじ１
塩…少々］

□ **作り方（10分〔さます時間は除く〕／１人分45kcal）**

①たまねぎは１cm幅の輪切りにする。梅干し１個は種を除き、果肉をきざむ。
②鍋にたまねぎ、梅干し、Aを入れ、ふたをして中火で７～８分煮る。汁ごと保存容器に入れる。

汁気の多い煮ものも、梅干しを加えて日もちOK

梅

冷蔵
4〜5日
保存可能
ドイツの
発酵食品を、
シンプルな
レシピに
お弁当にも
酢

かんたんザワークラウト

□ **材料（４人分）**

キャベツ…300g
　塩…小さじ½

A［ローリエ…１枚
　 白ワイン…大さじ２

酢…大さじ１½

□ **作り方（30分／１人分17kcal）**

①キャベツは５〜６㎜幅に切る。鍋に入れて塩を混ぜ、５〜10分おく。

②①にAを加える。ふたをして、弱火で10〜12分、しんなりするまで蒸し煮にする。

③火を止め、酢を混ぜる。

アレンジ
ザワークラウトをとり手羽元と一緒に蒸し煮にしても。まろやかな味に仕上がります。

ピクルス

冷蔵
10日
保存可能
酢
お弁当にも
（汁気はきる）

□ **材料（４人分）**

ヤングコーン（生）
　…１パック（80g）
きゅうり…１本
セロリ…１本
ミニトマト…８個

A［砂糖…大さじ２
　 塩…小さじ２
　 水…150㎖　酢…70㎖
　 サラダ油…大さじ２
　 ローリエ…１枚
　 にんにく（丸ごと）
　 　…小２片（10g）

□ **作り方（15分〔つける時間は除く〕／１人分61kcal）**

①ヤングコーンは長さを半分に切る。きゅうり、セロリ（筋をとる）は４㎝長さのスティック状に切る。トマトはへたをとる。

②鍋に湯600㎖（材料外）を沸かし、塩大さじ½（材料外）を加える。ヤングコーン、きゅうり、セロリ、トマトを順にさっと湯通しし、ざるにとる。トマトは皮をむく。保存容器に入れる。

③別の鍋（ステンレスかホーロー製）にAを合わせ、中火で約２分煮立てる。熱いうちに保存容器に加える。さめたら冷蔵庫に移し、時々全体を混ぜながら、１時間以上おく。

冷蔵 4～5日 保存可能
酢

れんこんの赤ワインマリネ

□ **材料（４人分）**

れんこん…200g

湯…400㎖
酢…大さじ１

A
酢…大さじ４
赤ワイン・水…各大さじ$2\frac{1}{2}$
砂糖…小さじ２
塩…小さじ$\frac{2}{3}$

□ **作り方（7分〔つける時間は除く〕／１人分40kcal）**

①れんこんは皮をむき、２～３㎜厚さの半月切りにする。分量の湯を沸かして酢大さじ１を加え、れんこんをさっとゆでる。水気をきる。

②保存容器にAを合わせ、れんこんを加えて混ぜる。さめたら冷蔵庫に移し、10分以上つける。

にんじんのレモン風味

□ **材料（４人分）**

にんじん…小１本（150g）
サラダ油…小さじ１

A
砂糖…大さじ$\frac{1}{2}$
レモン汁…大さじ１
塩…小さじ$\frac{1}{6}$

□ **作り方（10分／１人分27kcal）**

①にんじんは皮をむき、皮むき器で縦にリボン状にスライスする。

②フライパンに油を温め、にんじんを入れる。ほぐしながら、中火で約１分、しんなりするまで炒める。

③Aを加え、汁気がほとんどなくなったら火を止める。

冷蔵 3～4日 保存可能
にんじんの
やさしい甘味が
感じられます
水分少なく
お弁当にも

ゴーヤのツナみそ

□ **材料（4人分）**

ゴーヤ…1本（250g）
　塩…小さじ⅓
ツナ缶…小1缶（70g）
サラダ油…大さじ½
A
　砂糖…大さじ1
　みそ…大さじ1½
　酒…大さじ1½
　水…50㎖

□ **作り方（🕙10分／1人分89kcal）**

①ゴーヤは縦半分に切り、種とわたを除き、3～4㎜幅に切る。塩をふり、5分ほどおいて水気をしぼる。
②ツナは軽く汁気をきる。Aは合わせる。
③鍋に油を温め、ゴーヤを中火で炒める。油がまわったらツナとAを加え、時々混ぜながら、汁気がなくなるまで煮る。

しらたきとえのきのきんぴら

冷蔵 3日保存可能

□ **材料（4人分）**

しらたき…200g
えのきだけ…1パック（100g）
ごま油…大さじ1
A
　赤とうがらし…小1本
　砂糖…大さじ½
　だし…大さじ2
　みりん・しょうゆ…各大さじ1

□ **作り方（🕙10分／1人分53kcal）**

①しらたきは熱湯で1～2分ゆで、5㎝長さに切る。えのきは根元を落とし、長さを半分にしてほぐす。赤とうがらしは種をとり、小口切りにする。
②鍋にごま油を温め、しらたきとえのきを中火で炒める。油がまわったらAを加え、時々混ぜながら、煮汁がほとんどなくなるまで煮る。

冷蔵 3〜4日 保存可能

お弁当にも　酢

夏野菜のワイン蒸し

□ **材料（4人分）**

パプリカ（赤）…1個（150g）
ズッキーニ…1本（150g）
なす…1個（70g）
たまねぎ…1個（200g）
にんにく…1片（10g）
オリーブ油…大さじ2
A［白ワイン・酢…各大さじ1
　塩…小さじ½　こしょう…少々

アレンジ

パスタやそうめんとあえてもおいしい。

□ **作り方（20分／1人分100kcal）**

①にんにく以外の野菜は1.5㎝角に切る。にんにくは薄切りにする。
②深めのフライパンにオリーブ油とにんにくを入れ、弱火にかける。香りが出てきたら、残りの野菜を加え、中火で2〜3分炒める。
③油がまわったら、Aを加えて全体を混ぜる。ふたをして、弱火で約10分蒸し煮にする。途中、1〜2回混ぜる。

豆とこんにゃくの煮もの

□ **材料（4人分）**

大豆（水煮）…1缶（120g）
にんじん…100g
こんにゃく…100g
だし…200㎖
砂糖・しょうゆ…各大さじ1½
みりん…大さじ1

□ **作り方（20分〔さます時間は除く〕／1人分77kcal）**

①にんじんは7〜8㎜角に切る。こんにゃくは1㎝角に切り、熱湯でさっとゆでる。
②鍋にすべての材料を入れ、火にかける。煮立ったらアクをとる。落としぶたとふたをして弱火にし、煮汁がほとんどなくなるまで10〜15分煮る。そのままさます（さめたら冷蔵庫に移す）。

冷蔵 3〜4日 保存可能

五目豆より材料が少なく、手軽に作れます

味しっかりめ　水分少なく　お弁当にも

高野どうふのキーマカレー

冷蔵
3日
保存可能
食べるとき
水分少なく

□ **材料（作りやすい分量）**

高野どうふ…1個（20g）
なす…1個（70g）
パプリカ（赤）
…½個（75g）
たまねぎ…½個（100g）
にんにく…小1片（5g）
しょうが…小1かけ（5g）
サラダ油…小さじ1
カレー粉…大さじ1
A ［トマトジュース（無塩）…1缶（190㎖）
　スープの素…小さじ1］
塩・こしょう…各少々

□ **作り方（🕓20分〔もどす時間は除く〕／全量で284kcal）**

①高野どうふは表示どおりに水でもどす。水気をしぼり、手で細かくちぎる。
②なす、パプリカは1㎝角に切る。
③たまねぎ、にんにく、しょうがはみじん切りにする。
④フライパンに油を温め、③を中火で炒める。香りが出てきたら、②とカレー粉を加えてさらに炒める。
⑤野菜がしんなりしたら、Aと高野どうふを加える。ふたをずらしてのせ、汁気がなくなるまで5～6分煮る。塩、こしょうで味をととのえる。

わさびそぼろ

□ **材料（作りやすい分量）**

豚ひき肉（赤身が多いもの）…200g
ねぎ（緑の部分も）…70g
サラダ油…大さじ½
酒…大さじ2
塩…小さじ½
練りわさび…大さじ½（9g）

□ **作り方（🕓15分／全量で552kcal）**

①ねぎはみじん切りにする。
②フライパンに油を温め、ひき肉、ねぎを中火で炒める。肉の色が変わったら、酒、塩を加え、汁気がなくなるまでしっかり炒めて火を止める。
③さめたらわさびを加え、全体をよく混ぜる。

食べるとき

冷蔵
4～5日
保存可能
わさびの
風味が
クセになる
一品！
わさび
水分少なく

冷蔵
3日
保存可能
味
しっかりめ
水分
少なく

とりごぼうそぼろ

□ **材料（作りやすい分量）**

とりひき肉…150g
ごぼう…¼本（50g）
しょうが…1かけ（10g）

A［砂糖・みりん…各小さじ2
　しょうゆ…大さじ1½
　酒…大さじ2
　水…50mℓ

食べるとき

□ **作り方（15分／全量で352kcal）**

①ごぼうは皮をこそげてささがきにし、水にさらして水気をきる。しょうがはせん切りにする。
②鍋にひき肉と**A**を入れ、肉をよくほぐす。中火にかけ、①を加える。時々混ぜながら、煮汁がなくなるまで煮る。

さけフレーク

□ **材料（作りやすい分量）**

甘塩さけ…2切れ（200g）

A［酒…大さじ1
　みりん・酢…各大さじ½

□ **作り方（20分／全量で379kcal）**

①さけは耐熱皿に並べてラップをし、電子レンジで約3分（500W）加熱する。さめたら皮と骨をとり除き、身を粗くほぐす。
②鍋にさけと**A**を入れる。混ぜながら、パラパラになるまで中火で加熱する。味をみて、塩気がたりなければ塩少々（材料外）をふる。

食べるとき

冷蔵
4日
保存可能
酢
水分
少なく

しいたけこんぶ

酢　味しっかりめ　水分少なく

冷蔵　1週間保存可能

□ 材料（作りやすい分量）

干ししいたけ…大5個（20g）
こんぶ…15㎝
A［水…200㎖
　 酢…大さじ1
B［しょうゆ…大さじ1½
　 みりん…大さじ1
　 砂糖…小さじ2

□ 作り方（35分〔もどす時間は除く〕／全量で128kcal）

①干ししいたけはひたひたの水でもどす。軸をとり、薄切りにする。
②こんぶはAの酢水につける。やわらかくなったら2㎝角に切り、再びAにつけ約30分おく。
③鍋に①、②をそれぞれもどし汁ごと入れ、Bを加える。ふたをして、ほとんど煮汁がなくなるまで約30分煮る。

ポイント
こんぶを酢水でもどすことで、やわらかく仕上がります。

きゅうりのしょうゆ漬け

冷蔵　2週間保存可能

□ 材料（作りやすい分量）

きゅうり…2本
　塩…小さじ¼
しょうが…小1かけ（5g）
赤とうがらし…½本
A［みりん・しょうゆ…各50㎖
　 酢…小さじ2

□ 作り方（20分〔さます時間は除く〕／全量で103kcal）

①きゅうりは7～8㎜厚さの小口切りにし、塩をふって約10分おく。水気をしぼる。しょうがはせん切りに、赤とうがらしは種をとり、小口切りにする。
②鍋にAを合わせて煮立てる。①を加え、弱火で1～2分煮る。そのままさます（写真a）。
③常温くらいまでさめたら、再び弱火にかけて1～2分煮る。そのままさます（写真b）。
④③をもう一度くり返し、汁ごと保存容器に入れる。すぐに食べられるが、汁につけたままさますとよりおいしい。

酢　味しっかりめ

a

b

いたみにくい
お弁当

節約のため、健康管理のため、“お弁当派”の人が増えているようです。

ただ、お弁当は室温、ときには暑い屋外に長時間おくことになるため、いたむリスクが高まります。特に、学校や部活動などでお子さんにお弁当を持たせる場合は、心配がつきません。

いたみにくいお弁当の基本は、しっかり加熱＆しっかりさますこと。そして、調理後は極力手でさわらないこと。保冷剤をつけたり、お弁当用のカップでおかず同士を仕きるといったことも有効です。

忙しい朝でも作れる、「安心・おいしい・かんたん」なお弁当おかずを紹介します。

※作りおきにものマークがあるものは、保存しても味が落ちにくいので、作りおきにも向きます。ただし、保存期限ぎりぎりのものをお弁当に入れるのは避けましょう。また、お弁当に入れる前に温め直し、さめてから詰めるようにします。

6 お弁当を いたみにくくするコツ

「おはよう、ズボラちゃん。あら、お弁当？ 珍しいわね」

「あ、白川さん、おはよう～。今月散財しちゃって、金欠気味なの。節約しなきゃ」

「ちょっと待って。もうお弁当にふたしちゃうの？」

「うん、だって、そろそろしたくしないと遅刻しちゃうもん。電車の中は冷房がきいているし、そのうちさめるから、平気、平気♪」

「ダメよ！　温かいうちにふたをすると、蒸気でお弁当の中がむれちゃうわ。水分はいたむ原因になるのよ」

「そういえば昨日も時間がなくて、温かいうちにふたしちゃったんだけど、そのあとなんとなくおなかの調子が悪かったかも…。もしかしていたんでいたのかな？」

◎保冷剤を活用する

「この間あんなひどい目にあったのに、ズボラちゃんも懲りない人ね…。さあ、もう一度ふたを開けて、せめて時間ギリギリまでさましましょう！　あと、保冷剤はないかしら？」

「えーっと、確かケーキを買ったときに入っていたのが冷凍庫にあったはず（ゴソゴソ…）。あ、あった！　これでいい？」

「それそれ。持って行くときは、凍らせた保冷剤を複数使って、お弁当箱を上下からはさむと安心よ。さらに保冷バッグに入れて持って行くといいわね」

「へえ～。それにしても白川さん、ズボラ作にしては立派なお弁当だと思わない？　ハンバーグはこのまえ作った残りを冷凍しておいた

ズボラちゃんのお弁当

ちくわやハムなどの、加熱なしで食べられる加工食品を、そのままお弁当に入れる。

煮ものやおひたしなど汁気の多いもの、生野菜を入れる。または、サンドイッチなどに生野菜をはさむ。

おかずとごはん、おかず同士を、仕きっていない。もしくは、レタスなどの生野菜で仕きっている。

おかずやごはんが温かいうちに詰める。お弁当がさめないうちにふたをする。

火が完全に通っていない。

自宅で作って冷凍したおかずを、凍ったまま入れる。

の。えへ☆　あとは、ゆで卵、ほうれんそうのおひたし、ちくわ…。レタスは野菜も補給できるし、仕きりにもなって便利だよ☆」

「がんばりは認めるけれど、実はお弁当にはおすすめできないものばかりね」

「がーん、ショック！　野菜もちゃんと入れているし、冷凍食品も使わないでがんばっているのにー」

「しかも、このハンバーグ、もしかして凍ったまま詰めてない…？」

「そうだよ。保冷剤代わりにもなって、かえっていいかと思ったんだけど」

◎お弁当のおかずも、加熱が大事

「市販の冷凍食品（「自然解凍可」のもの）には菌がほとんどいないから、凍ったままでもかまわないわ。でも、家で作って冷凍したものは、菌が繁殖しやすいからやめて。どうしても入れたいときは、凍ったままじゃなく、一度しっかり温めて、さましてから詰めること。もし、職場に電子レンジがあるなら、食べる直前にも温めると、ある程度は菌を殺すことができるわ」

「ふーん、そうなんだ。ハンバーグ以外のおかずは、どうしてダメなの？」

「まずはゆで卵。ゆで卵自体は悪くないんだけれど、ほら、真ん中が半熟！　何度も言うようだけど、食中毒予防の基本は加熱！　お弁当おかずでも同じことよ」

「わ～ん、卵は半熟が好きなのに～。でも、おなかこわすよりいいもんね。お弁当ではがまんするよ…」

「ちくわは生でも食べられるから、そのまま入れがちだけど、夏場は避けたほうがいいわ！　入れるときは必ず加熱してね」

「そっか、ハムやかまぼこなんかもそうだね。ところで、ほうれんそうのおひたしは？」

「おひたしは水分を多く含む調理法だから、お弁当にはあまり向かないの。入れたいなら、フライパンでしっかりソテーするといいわ

いたみにくいお弁当

ごはんは冷凍しておいたものではなく、当日炊いたものを詰める（炊きこみごはんは避ける）。さらに梅干しなどの抗菌食材を活用。

おかずとごはんは容器を分ける。生野菜やくだものを入れたい場合は、さらに別容器に。

おかず同士は市販のカップなどで、しっかり仕きる。水分や菌が、ほかのおかずに移るのを防げる。

焼く、揚げる、炒める、いり煮など、水分を極力おさえられる調理法がよい。汁気があると菌が増えやすくなってしまう。

容器内に水滴がつかないように、よくさます。持って行くときは、保冷剤を複数使うとよい。さらに、保冷バッグに入れると安心。

中までしっかり加熱することで、菌の繁殖をおさえる。

市販の冷凍食品で、「自然解凍可」のものなら、そのまま入れてOK。どうしても自宅で冷凍したおかずを入れたいなら、詰める前に（できれば食べる前にも）、しっかり加熱する。

(p.45下参照)。ところで、ズボラちゃん、ほうれんそうの水気をしぼるとき、手は洗ったの？」

「う〜ん、どうだったかな？？　覚えてないや」

◎極力さわらず、しっかり仕きる

「コラーッ！　手洗いは食中毒予防の基本中の基本よ（p.20）！　そもそも、加熱後の食材は極力手でさわらないほうがいいの。水気をしぼるときには、ラップを使うのがおすすめよ(p.58)。おにぎりもラップごしににぎるといいわ。あとは、抗菌食材（p.18〜19）を使うのもいいわね」

「でも、ちゃんとごはんには梅干しをのせているよぅ。梅干しは抗菌に効果があるんでしょう？」

「そう。梅干しは、非常にすぐれた抗菌食材よ。上手に活用してね。でも、日の丸弁当にするより、今日みたいな暑い日は、細かくほぐして、ごはん全体に混ぜるといいわ」

「ふ〜ん、そうなんだ。たしかにそのほうが効果がありそうだよね」

「それから、ごはんとおかずは容器を分けたほうがいいの。おかずの水分でごはんがいたむのを防げるわ」

「ごはんがおかずの汁で茶色くなっていると、テンション下がるもんね。別容器にすれば、そんな心配もなくなるな☆」

「あと、生野菜やくだものを入れたい場合は、別容器にするといいわ。彩りによく使うミニトマトは、へたをとって洗ってから詰めてね。それに、仕きりはレタスじゃなくて、お弁当用のカップを使いましょう。きちんと仕きれば、もしいたんだおかずがあっても、被害は最小限ですむわよ」

「うん、わかったよ。わ、もうこんな時間！白川さん、いろいろ教えてくれてありがとう。明日からもお弁当作り、がんばるよ☆」

Q スープジャーや、保温タイプの弁当箱は？

A 高温状態が保たれるので、一見よさそうに思えますが、スープなどの汁ものは、菌を一度とりこむと増えやすい。特に夏場は避けるのが無難です。

Q お弁当がもっともいたみやすい時間帯は？

A 調理後２時間で菌の増殖が始まり、４〜６時間後にはピークになります（p. 7）。つまり、朝作ったお弁当は、食べるころに危険が高まります。菌の増殖をおさえるには、夏場は保冷剤で低温に保つようにします。

Q キャラ弁ってどうなの？

A どうしても食材をたくさんさわることになります。抵抗力が低い子どもが食べるケースが多いことも考えると、できれば避けたいものです。作るなら、使い捨ての手袋をし、清潔な道具を使い、手早く作りましょう。

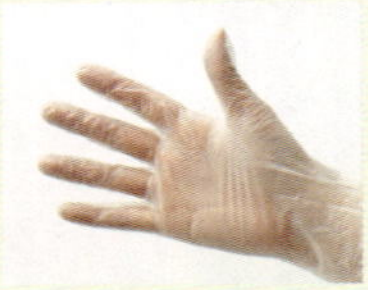

Q お弁当に漬けものはあり？ なし？

A 浅漬けは、漬けものの一種ですが、いわばサラダのようなもの。発酵が不充分なので乳酸菌が少なく、食中毒菌を殺す力がたりません。市販の浅漬けが原因で食中毒が起きたことも。充分に発酵したぬか漬けやたくあんなどなら大丈夫。

お弁当おかずの組み合わせ方

お弁当は、昼の楽しみであるとともに、午後への活力でもあります。
見た目や栄養バランスも考えつつ、献立を考えましょう。

1 ごはんとおかずの割合は、1：1がめやす。

2 おかずは、主菜（肉、魚）が1品、副菜（野菜、卵など）が2〜3品

主菜 肉だんごの甘酢あん（p.48）、豚肉の梅しそロール（p.49）、ささみのわさびサンド（p.50）、照り焼きチキン（p.51）、えびの粒マスタード風味（p.52）、かつおの竜田揚げ（p.53）、ちくわの揚げ焼き2種（p.55）

副菜 にんじんとしょうがのきんぴら（p.54）、かぼちゃの茶巾（p.54）、ごぼうのごま酢あえ（p.55）、アスパラガスのチーズソテー（p.56）、いんげんのソテー（p.56）、ししとうの山椒味（p.57）、ピーマンとハムのソース炒め（p.57）、小松菜のからしあえ（p.58）、わかめの梅炒め（p.58）、豆の和風ピクルス（p.59）、ドライフルーツのシロップ煮（p.59）、卵焼き3種（p.60）、ぽん酢卵（p.61）、目玉焼きのケチャップ煮（p.61）

3 ごはんの白に、赤、黄、緑、黒（茶）のおかずを組み合わせると、見ばえがし、栄養バランスも自然と整う。

赤 えびの粒マスタード風味（p.52）、にんじんとしょうがのきんぴら（p.54）、塩さけ、梅干しなど。

黄 ちくわの揚げ焼き2種（カレー粉・p.55）、にんじんとしょうがのきんぴら（p.54）、かぼちゃの茶巾（p.54）、ドライフルーツのシロップ煮（干しあんず、ドライマンゴー・p.59）、卵焼き3種（p.60）、ぽん酢卵（p.61）、目玉焼きのケチャップ煮（p.61）、たくあん、チーズ、コーンなど。

緑 ちくわの揚げ焼き2種（青のり・p.55）、アスパラガスのチーズソテー（p.56）、いんげんのソテー（p.56）、ししとうの山椒味（p.57）、ピーマンとハムのソース炒め（p.57）、小松菜のからしあえ（p.58）

黒・茶 肉だんごの甘酢あん（p.48）、豚肉の梅しそロール（p.49）、ささみのわさびサンド（p.50）、照り焼きチキン（p.51）、かつおの竜田揚げ（p.53）、ごぼうのごま酢あえ（p.55）、わかめの梅炒め（p.58）、豆の和風ピクルス（p.59）、ドライフルーツのシロップ煮（プルーン・p.59）、ひじき、ごま塩、のりなど。

定番おかずを
酢でいたみ
にくく
酢
作りおきにも
（冷蔵で3日）

ポイント
肉だねにも酢を混ぜこむと、より安心。

肉だんごの甘酢あん

□ 材料（２人分）

豚ひき肉…150g

A
- とき卵…½個分
- 酢…大さじ½
- 塩…小さじ⅛
- こしょう…少々

かたくり粉…大さじ１

揚げ油…適量

B
- 砂糖・酢…各大さじ１
- しょうゆ…大さじ½
- 水…大さじ２
- かたくり粉…小さじ½

□ 作り方（20分／１人分251kcal）

①ひき肉にAを加え、ねばりが出るまでよく混ぜる。かたくり粉大さじ１を加え、さらに混ぜる。

②①を10等分に丸める。揚げ油を170℃に熱し、ころがしながら４～５分揚げる。

③小鍋にBを合わせて火にかけ、混ぜながら煮立てる。とろみがついたら、②を入れてからめる。

ポイント
加熱したあとは、二次汚染を防ぐため、清潔な包丁とまな板を使って切ります。

豚肉の梅しそロール

□ 材料（２人分）

豚ロース肉（しゃぶしゃぶ用）…８枚（160g）
しその葉…８枚
梅干し…１～２個（正味10g）
　みりん…小さじ½
サラダ油…小さじ１
A［ みりん・酒・しょうゆ…各大さじ½
　　水…大さじ１

□ 作り方（15分／１人分247kcal）

①梅干しは種をとり、果肉を包丁でたたく。みりん小さじ½でのばす。
②豚肉を広げてしそをのせ、①を塗り（写真ａ）、手前から巻く。８個作る。Ａは合わせる。
③フライパンに油を温め、②を巻き終わりを下にして並べ、ころがしながら中火で焼き色がつくまで焼く。Ａを加えてからめる。さめたら、斜め半分に切る。

a

ささみのわさびサンド

□ 材料（2人分）

とりささみ…3本（150g）

A
- 塩…少々
- 酒・しょうゆ…各小さじ1

練りわさび…小さじ1（6g）
＋小さじ½（3g）

焼きのり…¼枚

サラダ油…小さじ2

□ 作り方（20分／1人分128kcal）

①ささみは筋をとる。縦半分に切り（写真a）、さらに縦半分に切り目を入れて開く（写真b）。厚ければラップをのせ、軽くたたいてのばす。Aをふって約5分おく。のりは縦に6等分に切る。

②ささみにわさび小さじ1の⅙量を塗り、2つに折る（写真c）。のりを巻きつける。6個作る。

③フライパンに油を温め、弱火で②の両面を約2分ずつ焼いて、中まで火を通す。表面にわさび小さじ½を⅙量ずつ塗る。

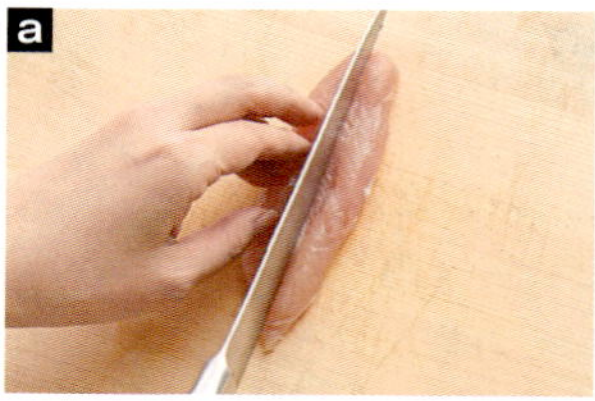
a

b

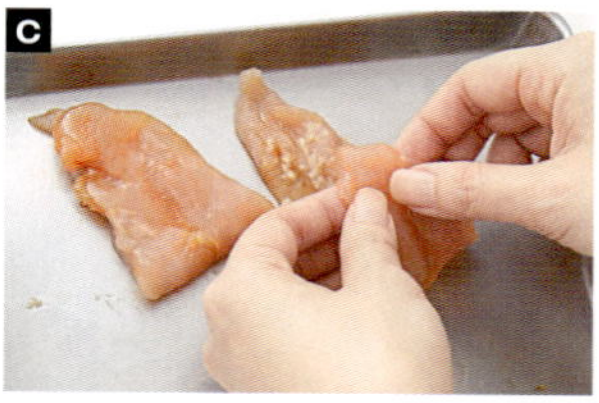
c

味
しっかりめ
水分
少なく
作りおきにも
(冷蔵で3〜4日)

ポイント

二次汚染を防ぐため、切ってから焼きます。そぎ切りは表面積が大きいので、火が通りやすい。

照り焼きチキン

□ 材料（２人分）

とりもも肉…１枚（250g）

A
- 塩…少々
- 酒…小さじ１

B
- しょうゆ・水…各大さじ１
- 酒・みりん…各大さじ½
- 砂糖…小さじ½

サラダ油…小さじ１

□ 作り方（🕒15分／１人分284kcal）

①とり肉はひと口大のそぎ切りにする。Aをふってもみこみ、５分ほどおく。Bは合わせる。

②フライパンに油を温め、皮を下にして肉を並べる。ふたをして、中火で両面を約２分ずつ焼く。火を止めてフライパンの端に肉を寄せ、出た脂をペーパータオルでふきとる。

③Bを加えて再び中火にかける。途中で表裏を返しながら煮からめ、照りよく仕上げる。

むきえびで
手軽に。
お弁当の
彩りにも
酢
水分
少なく

えびの粒マスタード風味

□ **材料（2人分）**

むきえび…100g

A［塩…小さじ$\frac{1}{8}$
　こしょう…少々］

パプリカ（黄）…$\frac{1}{2}$個（75g）

オリーブ油…小さじ2

酢…大さじ1

B［粒マスタード…大さじ1
　マヨネーズ…小さじ$\frac{1}{2}$］

□ **作り方（🕒10分／1人分110kcal）**

①パプリカはひと口大に切る。えびは背わたがあれば除き、Aをふる。Bは合わせる。

②フライパンにオリーブ油を温め、パプリカ、えびを入れ、両面を中火で軽く焼く。酢を加えてふたをし、弱火で約1分蒸し煮にする。

③ふたをとり、Bを加えてからめ、火を止める。

前夜から下味を
つけておけば、
朝は揚げるだけ
水分
少なく

かつおの竜田揚げ

□ **材料（2人分）**

かつお（刺身用さく）…150g

A
- しょうゆ…大さじ1½
- 酒・みりん…各大さじ½
- しょうが汁…小さじ½

かたくり粉…大さじ2

揚げ油…適量

□ **作り方（5分〔つける時間は除く〕／1人分219kcal）**

①かつおは1.5㎝厚さに切る。トレーにAを合わせ、かつおを約10分つける（前日の夜からつけ、冷蔵庫に入れておいても）。

②かつおの汁気をふき、かたくり粉をまぶす。揚げ油を170℃に熱して2～3分揚げる。

にんじんとしょうがのきんぴら

作りおきにも（冷蔵で3〜4日）　味しっかりめ　水分少なく

□ **材料（2人分）**

にんじん…½本（100g）
しょうが…2かけ（20g）
サラダ油…大さじ½
A［砂糖・みりん・しょうゆ…各大さじ½
　 酒…大さじ1
いりごま（白）…小さじ2

□ **作り方（15分／1人分81kcal）**

①にんじん、しょうがは、それぞれせん切りにする。
②Aは合わせる。
③鍋に油を温め、①を中火で1〜2分炒める。Aを加え、汁気がなくなるまで炒める。
④火を止め、ごまを加えて混ぜる。

ポイント
汁気をしっかりとばすのがコツ。

かぼちゃの茶巾

いたみやすいかぼちゃは、水分を極力おさえて！

□ **材料（4個分）**

かぼちゃ…150g（正味）
A［はちみつ…小さじ1
　 塩…少々

□ **作り方（10分／1人分79kcal）**

①かぼちゃは種とわたを除き、皮を切り落とす。4〜5㎜厚さに切る。
②耐熱皿にかぼちゃを並べ、ラップをかけ、電子レンジで2分〜2分30秒（500W）加熱する。フォークなどでつぶし、Aを加えて混ぜる。4等分し、完全にさます。
③ラップで包み、ぎゅっとしぼる。

水分少なく

※調理法に工夫をしていますが、かぼちゃはいたみやすい食材なので、夏場にお弁当に入れるのは避けましょう。

詰めるとき

ラップごと弁当に詰めれば、水分がほかの食材に移るのを防げます。

ごぼうのごま酢あえ

作りおきにも
（冷蔵で4～5日）

酢

日もちするので、まとめて作りおくと便利です

□ **材料（２人分）**

ごぼう…½本（100g）

A［水…200㎖
　 酢…大さじ½

B［すりごま（白）…大さじ１
　 砂糖・しょうゆ・酢…各大さじ½
　 塩…少々

□ **作り方（15分／１人分57kcal）**

①ごぼうは皮をこそげて10～15㎝長さに切る（太い部分は縦２つ割りにする）。**A**の酢水に５分ほどさらし、水気をきる。

②鍋に湯300㎖を沸かし、酢大さじ½（ともに材料外）を入れる。ごぼうを加え、約４分ゆでる。水気をきって、熱いうちにめん棒などでたたき（やけどに注意）、太ければ割れたところから縦にさく。４㎝長さに切る。

③ボールに**B**を合わせ、②を加えてからめる。

ちくわの揚げ焼き２種

水分少なく

□ **材料（２人分）**

ちくわ…小４本

A［天ぷら粉・水…各大さじ１
　 青のり…少々

B［天ぷら粉・水…各大さじ１
　 カレー粉…少々

サラダ油…大さじ2

□ **作り方（10分／１人分199kcal）**

①ちくわは長さを半分にし、縦半分に切る。

②**A**、**B**はそれぞれよく混ぜる。

③半量のちくわには**A**を、残りには**B**をつける。フライパンに油を温め、ちくわを並べる。時々返しながら、弱火で１～２分、焼き色がつくまで焼く。

ポイント

穴の中もちゃんと加熱されるよう、縦半分に切ります。

ポイント

フライパンに押しつけるようにして、しっかり焼きつけます。

アスパラガスのチーズソテー

水分
少なく
余熱でチーズを
溶かすと、
よくなじみます

□ **材料（2人分）**

グリーンアスパラガス（細めのもの）
…4本（80g）
サラダ油…大さじ½
塩・こしょう…各少々
粉チーズ…大さじ1

□ **作り方（10分／1人分52kcal）**

①アスパラガスは根元を少し落とし、かたい部分の皮をむく。縦2つ割りにし、4～5㎝長さに切る。
②フライパンに油を温め、アスパラガスを中火で1～2分炒める。塩、こしょうをふる。
③火を止めて、粉チーズをふりかけ、1～2分おく。

いんげんのソテー

□ **材料（2人分）**

さやいんげん…60g
ベーコン…1枚
サラダ油…小さじ1
水…大さじ2
塩・こしょう…各少々

□ **作り方（10分／1人分66kcal）**

①さやいんげんはへたを切り落とし、3㎝長さの斜め切りにする。ベーコンは1㎝幅に切る。
②フライパンに油を温め、ベーコンを中火で炒める。脂が出てきたら、いんげんを加えて、さらに炒める。
③油がまわったら、分量の水を加え、汁気がなくなるまで混ぜながら炒める。塩、こしょうをふる。

水分
少なく
汁気をしっかり
とばすのが
ポイント！

ししとうの山椒《さんしょう》味

子ども向けなら
山椒は
ひかえめに
水分
少なく

□ 材料（２人分）

ししとうがらし…½パック（50g）
ちりめんじゃこ…5g
サラダ油…小さじ１
A［水…大さじ１
　 砂糖・酒・しょうゆ…各小さじ１
粉山椒…少々

□ 作り方（10分／１人分42kcal）

①ししとうはへたの先を切り落とし、斜め半分に切る。Aは合わせる。
②鍋に油を温め、ししとうを中火で炒める。油がまわったら、じゃことAを加える。混ぜながら２～３分炒める。
③汁気がほとんどなくなったら、粉山椒を加え、ひと混ぜする。

ピーマンとハムのソース炒め

□ 材料（２人分）

ピーマン…２個（80g）
ハム…２枚（20g）
サラダ油…小さじ１
ウスターソース…小さじ½

□ 作り方（10分／１人分47kcal）

①ピーマンは縦半分に切って種を除き、ひと口大の乱切りにする。ハムは１cm角に切る。
②フライパンに油を温め、①を中火で炒める。火を止め、ソースを加えて混ぜ合わせる。

ソースのみで
味つけかんたん
水分
少なく

小松菜のからしあえ

からし

□ 材料（２人分）

小松菜…$\frac{1}{2}$束（150g）
練りがらし…小さじ$\frac{1}{2}$（3g）
しょうゆ…小さじ１$\frac{1}{2}$

□ 作り方（５分／１人分17kcal）

①小松菜は３cm長さに切る。熱湯でさっとゆで、水にとる。水気をよくしぼる。
②しょうゆ小さじ１をまぶし、さらに水気をしぼる。
③ボールにからしを入れ、しょうゆ小さじ$\frac{1}{2}$で溶きのばす。小松菜を加えてあえる。

ポイント
二次汚染を防ぐため、小松菜を切ってからゆでます。加熱後は極力さわらないよう、ラップごしに水気をしぼるとよい。

わかめの梅炒め

さっぱり味で
食欲のない
ときにも◎

□ 材料（２人分）

わかめ（塩蔵）…30g
サラダ油…大さじ$\frac{1}{2}$
A 梅干し…１個（20g）
A 酒…小さじ２
A しょうゆ…小さじ$\frac{1}{2}$

□ 作り方（10分／１人分39kcal）

①わかめは洗い、水につけてもどす。２cm長さに切る。
②梅干しは種をとり、果肉を粗くきざむ。Aは合わせる。
③フライパンに油を温め、わかめを中火でさっと炒める。Aを加え、汁気がなくなるまで炒める。

梅

豆の和風ピクルス

酢

作りおきにも
（冷蔵で5日）

□ **材料（２人分）**

ミックスビーンズ（水煮）…100g
こんぶ…３g

A
- 酢…大さじ１
- 砂糖・しょうゆ…各小さじ１
- 塩…小さじ1/8

□ **作り方（5分〔つける時間は除く〕／１人分88kcal）**

①こんぶはぬれぶきんで包んでやわらかくし、１㎝角に切る。ボールに**A**を合わせ、こんぶをつける。
②鍋に湯を沸かし、ミックスビーンズをさっとゆでる。ざるにあけ、水気をきる。
③ミックスビーンズが熱いうちに①に加え、全体を混ぜる。さめたら冷蔵庫に移し、20分以上つける。

ドライフルーツのシロップ煮

□ **材料（２人分）**

好みのドライフルーツ*…50g
砂糖…大さじ４
水…100㎖

＊写真は、干しあんず、プルーン、ドライマンゴー。

□ **作り方（2分〔さます時間は除く〕／１人分131kcal）**

①耐熱容器に材料をすべて合わせる。ラップをかけて電子レンジで約１分30秒（500W）加熱し、そのままさます（さめたら冷蔵庫に移す）。

材料を
合わせて、
レンジでチン
するだけ！

作りおきにも
（冷蔵で１週間）

味
しっかりめ

水分
少なく
けずりかつお
を混ぜれば、
かんたんに
だし巻き風

だし巻き風卵焼き

□ **材料（２人分）**

卵…２個

A［砂糖・塩…各少々
　けずりかつお
　　…小１パック
　　　（３g）

サラダ油…少々

□ **作り方（10分／１人分88kcal）**

①卵は割りほぐし、Aを加えて混ぜる。
②卵焼き器に油をひき、①の⅓量を入れて広げる。半熟になったら手前に巻く。焼いた卵を向こう側にすべらす。
③卵焼き器のあいたところに油を塗る。①の⅓量を流し、②を持ち上げ、下にも卵液を流す。半熟状になったら手前に巻く。もう一度くり返す。火を止めて、そのまま５分ほどおき、中まで火を通す。
④さめたら、食べやすく切る。

水分
少なく

a

b

巻き巻き卵

□ **材料（２人分）**

卵…２個
砂糖・塩…各少々
サラダ油…少々

□ **作り方（5分／１人分82kcal）**

①卵は割りほぐし、砂糖と塩を加えて混ぜる。
②フライパンに油を薄くひき、①を入れて広げる。表面が乾いたら菜箸を使って裏返し（写真ａ）、裏面もしっかり焼く。さます。
③②をラップの上にのせ、手前からくるくると巻く（写真ｂ）。食べやすい大きさに切り、ようじなどでとめる。

水分
少なく
ごまが味と
見た目の
アクセント
になります

ごま入り卵焼き

□ **材料（２人分）**

卵…２個

A［砂糖・塩…各少々
　いりごま（黒）
　　…小さじ½

サラダ油…少々

□ **作り方（10分／１人分85kcal）**

①卵は割りほぐし、Aを加えて混ぜる。
②卵焼き器に油をひき、①の⅓量を入れて広げる。半熟になったら手前に巻く。焼いた卵を向こう側にすべらす。
③卵焼き器のあいたところに油を塗る。①の⅓量を流し、②を持ち上げ、下にも卵液を流す。半熟状になったら手前に巻く。もう一度くり返す。火を止めて、そのまま５分ほどおき、中まで火を通す。
④さめたら、食べやすく切る。

ぽん酢卵

酢

□ **材料（２個分）**

卵（室温にもどす）…２個
ぽん酢しょうゆ*…大さじ２

＊酢を含まず、かんきつ類だけで酸味をつけたものもある。

□ **作り方（20分〔つける時間は除く〕／１人分84kcal）**

①卵は鍋に入れ、かぶるくらいの水を入れる。強火にかけ、菜箸でころがしながら加熱する。沸騰したら火を弱め、12～13分、かためにゆでる。
②水にとり、殻をむく。ゆで卵をポリ袋に入れ、ぽん酢をそそぐ。袋の空気を抜いて、口をとじ、冷蔵庫に２時間～ひと晩おく（時々上下を返す）。横半分に切る。

ポイント
ポリ袋を使うと、ぽん酢が少量ですみます。

目玉焼きのケチャップ煮

酢

□ **材料（２個分）**

卵…２個
サラダ油…小さじ１

A
- トマトケチャップ…大さじ１
- ウスターソース…大さじ１
- 酢…大さじ１
- 水…大さじ２

□ **作り方（10分／１人分117kcal）**

①Aは合わせる。
②フライパンに油を入れ（火はつけない）、卵を割り入れ、菜箸で卵白の部分を広げる。中火にかけ、表面が半熟のうちに２つ折りにして（写真a）、両面を約１分ずつ焼く。
③Aを加え、とろみが出てきたら、卵を返しながらたれを全体にからめ、中まで火を通す。
④フライパンからとり出し、さめたら２つに切る。

a

目玉焼きも２つ折りにして焼けば、お弁当に便利！

混ぜごはん

夏場でも酢を加えて炊けば、ごはんがいたみにくくなります。すっぱさはさほど気になりません。具を混ぜるときは、水分の少ない具を選ぶのがコツ。

ごはん（酢入り）

□ 材料（4～5人分）

米…米用カップ2
（360mℓ・300g）
酢…大さじ2

□ 作り方

①米はといで水気をきる。炊飯器に移し、目盛りどおりに水（材料外）を加え、そこから水大さじ2をとり除く。30分以上浸水させる。
②酢を加え（写真a）、ふつうに炊く。さっくりと混ぜる。

a

ごはん×梅干し

□ 材料（1人分）

温かいごはん（酢入り）
…150g
梅干し…1個（20g）

□ 作り方（2分／1人分257kcal）

①梅干しは種を除き、果肉を包丁でたたく。
②ごはんに梅干しを加えて混ぜる。さます。

ごはん×塩こんぶ×ごま

□ 材料（1人分）

温かいごはん（酢入り）
…150g
塩こんぶ…5g
いりごま（白）…小さじ½

□ 作り方（2分／1人分264kcal）

①ごはんに、塩こんぶ、ごまを加えて混ぜる。さます。

ごはん×ゆかり

□ 材料（1人分）

温かいごはん（酢入り）
…150g
ゆかり…小さじ½

□ 作り方（2分／1人分254kcal）

①ごはんに、ゆかりを加えて混ぜる。さます。

サンドイッチ

チーズの風味
がアクセント。
卵は両面をしっかり
焼きます
水分
少なく

チーズ卵サンド

□ **材料（2人分）**

サンドイッチ用食パン…4枚

A ｛バター（室温にもどす）…10g／練りがらし…小さじ¼（1～2g）｝

卵…2個

B ｛ピザ用チーズ…30g／塩・こしょう…各少々｝

サラダ油…小さじ1

□ **作り方（15分／1人分313kcal）**

①Aは合わせ、パンに塗る。

②ボールに卵を割り入れ、Bを加えて混ぜる。卵焼き器に油小さじ½を中火で温め、卵液の½量を流し入れる。全体を混ぜ、半熟になったら弱火にして裏返し、両面をしっかり焼く。同様に、卵焼きをもう1個作る。さます。

③②をパンにはさみ、2組作る。食べやすい大きさに切り分ける。

ハム＆キャベツサンド

ハムも
キャベツも、
しっかり
加熱します
水分
少なく

□ **材料（2人分）**

サンドイッチ用食パン…4枚

A ｛バター（室温にもどす）…10g／練りがらし…小さじ¼（1～2g）｝

ハム…2枚

トマトケチャップ…小さじ1

キャベツ…100g

塩・こしょう…各少々

サラダ油…小さじ1

□ **作り方（20分／1人分192kcal）**

①Aは合わせ、パンに塗る。

②キャベツは5㎜幅に切る。フライパンに油を温め、ハムを両面焼いてとり出し、ケチャップを塗る。続いてキャベツを炒め、しんなりしたら、塩、こしょうをふる。さます。

③②をパンにはさみ、2組作る。食べやすい大きさに切り分ける。

ポイント

ハムはそのままでも食べられますが、弁当に入れるときは両面を焼きます。

食材別さくいん